絵解き
「琉球処分」と東アジアの政治危機

大 城 冝 武

榕 樹 書 林

RYUKYUKO LIBRARY 33

妻・真利子、子供たち　聖・書・愛へ

まえがき

琉球藩はなかった。琉球藩は虚構の藩であった。琉球藩は立藩された痕跡が見当たらない。島津襲来に破れて、尚寧王以下謝名親方など政府高官が薩摩藩に捕囚され、捕囚の中で強制的に提出させられた「霊社起請文」と、いわゆる「掟十五条」を強制されてより琉球国は薩摩藩に実効支配されてきた。しかしその中でも薩摩藩は琉球国を支藩化することはなかった。

明治維新の慶賀使として上京した琉球の使臣たちに一方的に、琉球王が「琉球藩王」とされたにすぎない。明確に立藩がなされたわけではない。琉球「国」であり、琉球「藩」であるような二重性、鵺的曖昧模糊とした状況下で「琉球処分が」強行された。

一九世紀半ばころの東アジアは、西欧列強の進出で大国清国の威信や国力が揺らぎ始めていた。虚構の琉球藩は、虚構化されることにより、日本にとって明治維新を完成させる強固な一片（a piece）になった。すなわち、明治維新の完結には「琉球藩」の自発的な版籍奉還と廃藩置県が必要であった。そのためには琉球国が「琉球藩」でなければならなかった。その藩は、虚構の仮想現実藩であった。

琉球国は藩体制を望まず、明治政府の強要や慫慂を受け流そうとした。その攻防の過程が「琉球処分」の歴史である。

第一章「沖縄マンガ史」はマンガの歴史ではなくマンガが描く「琉球処分」の経過を論じた。葛飾北斎が描く琉球を下地に、琉球国が日本によって併合される経緯を検討する。併合過程は日本国の台湾出兵から、日清両属状態を解消させ、廃藩置県への強行と抵抗、そして尚典王子の上京、ついで尚泰王の上京となり、藩が県になるという趣旨の諷刺画を分析する。尚典王子の徴兵拒否というエピソードで複雑な琉球国の意図を論じる。

第二章は、日本明治政府の琉球国を版図化するという国際的事件の経緯と統治をマンガがどう描いているかを述べる。緊迫する東アジア情勢の中で、琉球の帰属を巡る日本、清国、琉球の三者関係を「廃藩置県」過程を通して琉球、日本それぞれの主張を取り上げる。琉球は日本の強硬姿勢に対し琉球・日本間の問題ではなく国際的な広がりを視野に入れて行動した。清国への親和性や忠誠心の強さを日本は苦々しく思っている。しかし、「廃藩置県」は断行された。その後の日本の「沖縄」統治を県令の施策がどのようなイメージで捉えられているかを見る。廃藩置県によって日本が沖縄を併合した後にも琉球や清国は諦めてはいなかった。琉球分島問題も出来したがロシアと清国との間にイリ問題があり、曖昧模糊の内に分島問題は雲散霧消した。

第三章は、日本の一般庶民が持つ琉球観を検討する。東京を中心として出版された小新聞や滑稽雑誌等の記事や狂句投文を探り、それらの記載を通して日本人がどのように琉球を認識していたかを確かめた。風刺画は用いていない。特異な風俗習慣を嫌悪し、軽侮し、未開で頑迷固陋の忘恩の民であるとする琉球人観を浮彫りにする。

第四章「台湾処分」は、琉球人の台湾での遭害事件を口実に、台湾に問責の出師し、さらにこれを琉球国の版図化の根拠にしていることを述べる。近代日本初の海外出兵は西郷隆盛の弟西郷従道を台湾蕃地事務都督としてなされた。牡丹社との戦いで勝利するものの多大な損害を出した。戦闘による戦死者ではなく風土病による損害であった。台湾をめぐる清国との外交交渉で清国は五〇万両を支払い、日本による行動を義挙として認めた。

第五章は、「廃藩置県」という国際的事件を「廃国置県」として「琉球処分」を捉えなおす。中国は琉球の庇護者として、日本は庇護者を装いながら抑圧者として、中国、日本、琉球が歴史に登場する。日本の台湾「征討」を「保民の義挙」と漏らした清国は、琉球人を日本人として認めたことになり、やがて台湾を失い、「華夷秩序」の構成国を失うことになる。清国の国際的地位は凋落しつつあった。

第六章は、日本、中国、朝鮮、三ヵ国の国際関係の中で、「朝鮮」における民衆蜂起いわゆる東学農民戦争の鎮圧のために、朝鮮は清国に派兵要請をした。対抗して日本は派兵要請がないにもかかわらず出兵し、三ヵ国間に軋轢が生じ、これが日清戦争の端緒になった経緯を述べ、東アジアの国際情勢として概観する。

第七章は、東アジアの国際情勢を西欧列強との関連で述べる。進出する西欧列強と清国、琉球、朝鮮に進出する日本、いずれも政治危機にあった。

第八章は、日本史の視点からではなく、琉球・沖縄を主体とした視点からの歴史記述のパラダイム変換を提案する。

第一章、第二章を主論として、第三章から第八章を各論とした。また、追論を追加した。

追論一として、「琉球藩」として明治政府に統治された琉球国に敷かれた「藩」体制は虚構である、と論じた。虚構の中での「琉球処分」は「琉球の屈属」であり、琉球国の消滅として捉えなおされるだろう。琉球藩は仮想現実（バーチャルリアリティー）である。

追論二「沖縄マンガの展開」は、マンガとは何かを論じ、沖縄のマンガの史的展開を概観しながら、現況について述べる。

本書は、沖縄タイムス紙において連載した「沖縄マンガ史」（二〇一三年一月一八日〜二〇一四年八月一五日）の分を中心に他の論考を追加して加除訂正した。

東京大学大学院法学政治学研究科附属近代資料センター明治新聞雑誌文庫所蔵（はなはだ勝手ながら明治新聞雑誌文庫、と略記しました。ご了承くださいますようお願い申し上げます。）の多数の図絵資料の使用許可を下さり、感謝申し上げます。国立国会図書館、丸善雄松堂株式会社、浦添市美術館所蔵の、新聞、または図版の使用許可を下さいましたことに感謝申し上げます。

絵解き「琉球処分」と東アジアの政治危機／目次

第二章　「琉球処分」のイメージ……55

第一節　「琉球処分」のイメージ……55

第一章　沖縄マンガ史

一　葛飾北斎の琉球八景

「富嶽三十六景」で知られる浮世絵師の葛飾北斎に琉球の景勝地を描いた錦絵がある。「琉球八景」である。現在浦添市美術館に所蔵されている。制作は一八三二年頃。折から、琉球では尚育王即位の謝恩使一行が江戸上りの道中にあり、琉球への耳目が集まっている時期である。北斎は江戸上りの異装行列ではなく、琉球現地に赴くことなく琉球の風景を描いたのであった。

琉球八景は、それぞれ四文字からなる画題を持つ。①泉崎夜月②臨海湖声③龍洞松濤《りゅうどうしょうとう》④長虹秋霽《ちょうこうしゅうせい》⑤中島蕉園《しょうえん》⑥城嶽《じょうがく》靈泉⑦筍崖《しゅんがい》夕照⑧粂村竹籬《ちくり》―がそれである。これら八点の錦絵が沖縄マンガの始まりである。

図 1-1　「琉球八景　中島蕉園」＝浦添市美術館提供

錦絵は絵画に属するのであってマンガではない、絵画をマンガと見なすのは怪しからんと感じるのが大方であろう。マンガとは何かについての論議は追録二に譲ることにする。

周煌《しゅうこう》の『琉球国志略』は琉球史に関心を持つ者には周知の史料であろう。周煌は、尚穆《しょうぼく》王冊封のため一七五六年に来琉した冊封副使である。乾隆帝へ提出された琉球冊封の復命書が『琉球国志略』として刊行されている。この書は、どのような経緯があったか巡り巡って徳川幕府（学問所御版製本頒行所）によって一八三一年に和刻され官版として発刊されている。琉球八景制作の前年頃である。北斎が参照した可能性がある。マンガ史の中でこの史料が特筆されるのは、恐らく葛飾北斎が琉球八景を制作するのにインスピレーションを得たであろう「球陽八景」が収録されていることによる。

図1-2　「琉球八景　中島蕉園」
（榕樹書林刊「周煌　琉球国志略」より）

「琉球八景」は「球陽八景」のパロディーである、とするのが本論の趣旨である。そして、このパロディー性が沖縄マンガの始まりであると考える根拠である。「球陽八景」の原画をもとに、創造的に再創作されたのが北斎の「琉球八景」である、としよう。

球陽とは琉球の美称である。両者の、画題である景勝地の名称は「臨海潮声」の「潮声」を「湖声」としたのを除いて一致している。琉球八景のパロディー性を以下に示す。

北斎の富嶽三十六景のうち、もっともよく知られているものの一つは「凱風快晴」であろう。「赤富士」とも呼ばれている。

北斎は原画「城嶽霊泉」の遠景に描かれる二つの山の右手の山を削除し左手の山を赤富士に描き変えている。「長虹秋霽」の遠景の山もまた赤富士に転換されている。正月の縁起のよい初夢に「一富士二鷹《たか》三茄子《なすび》」というのがある。富士は一番の吉兆として意味づけられる。北斎は琉球に「吉」を描き込んだのだと推察される。

北斎はまた「中島蕉園」の原画には描かれないが、新しく画の中央遠景に白雪を冠した富士山と思しき一山を配している。八景中三景に富士を施しているのである。これは尋常ではない。

北斎の富士へのこだわりのほどは、琉球八景制作の頃、三十六景に新たに十景を追加出版したことで推察される。この富士描写の余力で琉球の景観に富士を幻視したのであろうか。琉球八景の中の三作品の富士描写は富嶽シリーズの琉球編として位置づけられよう。

絵師のイマジネーションはさらに飛躍し、「龍洞松濤」では一面の雪景色が描かれる。松の枝葉に雪が積もっている。琉球に雪は降らない。絵師の想像力は奔放である。「泉崎夜月」では画題にふさわしく雲居に満月を配している。「筍崖夕照」と「臨海潮声」では舟と人物が追加されている。

周煌が来琉する三八年前、尚敬王の冊封副使として来琉した徐葆光の「奉使琉球詩」に「院旁《いんぼう》八景」の五言絶句が収録されている。「球陽八景」の画題はすべて「院旁八景」の詩題と一致する。院旁とは使節一行の滞在する天使館である。周煌は『琉球国志略』に徐葆光の院旁八景の龍洞松濤を引用している。この事から「球陽八景」が院旁八景の詩趣にインスパイアーされて実景をスケッチしたものであることが推察される。

周煌の「球陽八景」は「院旁八景」に発し、「琉球八景」の母胎となり、「琉球八景」は沖縄マンガの発端となった。

二　琉球王朝物語

今を去ること二〇〇年ほど前、洛陽の紙価を高からしめた読本《よみほん》に『鎮西八郎為朝外伝　椿説弓張月《ちんせつゆみはりづき》』（以下「弓張月」と略記する）がある。前篇、後篇、続篇、拾遺篇、残篇よりなる、貴種流離譚《りゅうりたん》である。天孫氏二五紀に、あの源為朝が渡琉し、その子尊敦が琉球王統の祖（舜天）に就く奇想天外な物語が綴《つづ》られている。為朝伝説である。曲亭馬琴（一七六七～一八四八年）四〇代の著述である。

読本とは、いわゆる物語や小説の事である。挿絵を伴うのが常である。読本流行の以前には「黄表紙」が人気を博した。絵と言葉が混然一体となった表現形式である。一冊は五丁（一〇ページ）であり、これらを合冊した「合巻」に発展する。現在の劇画やストーリーマンガの祖ともいえるものである。曲亭馬琴は読本作者になる前には黄表紙本に手を染めていた。馬琴と組んで挿絵を描いたのが葛飾北斎である。

続篇の第二巻からの主舞台は琉球国である。琉球国の正史『球陽』は、天孫氏二五紀に道徳は廃れ、政治は乱れ、国は衰え、群雄が割拠し、利勇が国王を弑殺《しさつ》し、王位を簒奪《さんだつ》したという趣旨の記事を載せている。『球陽』に天孫氏の最後の王の名は明示されていない。馬琴は天孫氏最後の王の名を尚寧としている。

天孫氏の尚寧王は一二世紀の人、史実の尚寧王は一七世紀の人である。両者を混同しないように（三三回）、と馬琴は注意を促している、が何らかの隠された意図があるだろう。尚寧王は暗愚な君主として描かれている。逆臣利勇を重用し、幻術使の怪僧曚雲に依存する。史実の尚寧王は薩摩襲来により捕囚となって薩摩そして江戸に送られた悲劇の王である。

ここに掲げる絵（図1-3）は北斎が描く竜宮城の宮廷である（第三七回）。馬琴は琉球を竜宮に擬している。右手の玉座には尚寧王、左手の雲上には曚雲が配されている。宮廷には多くの按司や親方が居並んでいる。主だった人物総出である。ただし、為朝は出番がない。男児のいない尚寧王は娘の寧王女《ねいわんにょ》を世継ぎにしようと考える。王位継承の秘宝である琉・球の二顆《か》を持参するよう寧王女に命ずるが、ひとつが紛失していた。別の珠を差し出すが利勇の姦計《かんけい》と曚雲の幻力により珠は偽物として砕かれ、苦境に陥る。そのような情景が描写されているのである。

挿絵は、言葉では語りえないこと、言語化が困難なもの、すなわちイメージを形象化するものとしてある。言葉は奔放なイメージを創出する。多様なイメージを挿絵は形象化し、形あるものとし、イメージを一点に定着させる。北斎は馬琴が紡ぎ出す言葉や物語を絵として定着させる。この場合、読者それぞれがイメージしている多様な「竜宮城」を北斎が描く形象に収斂《しゅうれん》さ

図1-3　琉球を竜宮に擬した『椿説弓張月』の挿絵（1911年刊行の葵文会版より）

せていく。この挿絵は一話分の物語全体を時間の経過も考慮しながら描写している。異なる時間の出来事を一枚の絵に描写する異時同図法である。

馬琴には衒学《げんがく》的な時代考証癖がある。序文で「事はその時代を考えるといえども、文になお山林の口気を脱れず。これ婦幼の耳目に、解し易からんが為なり。画もまたしかり」と記している。史実（事）は考証しているが物語（文）としては拙い。婦女子にも分かるようにしたためである。また挿絵についても同じである、と女性蔑視の口吻《こうふん》がある。

安里進等は「弓張月」について「もちろん史実としては荒唐無稽な面も多いが、この作品が日本人の琉球認識に多大な影響をあたえたことは無視できず、その影響は明治期まで続いたのである」（『沖縄県の歴史』二〇〇四年）と述べている。本作は人口に膾炙《かいしゃ》した。その人気の源泉は「この弓張月はすべて風を捕り影を追ふの草紙物語なる」（二二回）と著者自らが述べている如く、娯楽性の高い草紙物語（黄表紙）的性格を持ち、分かりやすかったからであろう。もちろん北斎の挿絵の魅力もあってのことである。

三　台湾出兵

宮古島の貢納船が那覇からの帰島の際、台風に遭い、台湾に漂着し台湾現地人によって殺害された。一八七一（明治四）年のことである。この台湾遭害事件を理由に明治政府は台湾問罪のために出師する。

又吉盛清は「時あたかも琉球の帰属問題が政府内で深刻になっていた時期である。明治政府は、この事件を願ってもない好機と受け止め、事件を口実にして琉球国と清国との関係を断ち切り、併せて、江戸時代以来の台湾領有へのやみがたい想いを実行する手段に出たのである」（三一三ページ）としている。台湾のアジア史学者、戴国煇は「明治政府は、『人民保護義務』を大義名分に、一八七四年五月一七日台湾出兵し、二二日台湾に上陸した」（五八頁）と述べている。

都督（総司令官）は、あの西郷隆盛の弟西郷従道《つぐみち》である。『東京日日新聞』は、従軍記者として岸田吟香《ぎんこう》を送った。日本最初の従軍記者である。ただし、従軍記者として請願したが、初め軍事機密保持の観点から論議があり当局の許可が得られなかった。しかし西郷従道の黙許でようやく従軍ができたようである（『十大先覚記者伝』大阪毎日新聞社参照）。岸田は台湾の風俗習慣や地誌、戦況を通信して評判を呼び、同紙は購読者を増やした。「麗子像」で有名な洋画家岸田劉生《りゅうせい》は吟香の四男である。

ここに掲げる風刺マンガの作者は浮世絵師の歌川《うたがわ》芳幾《よしいく》であろう。図1-4を見よう。ことわざに「藪《やぶ》をつついて蛇を出す」があるが、風刺画はこれをもとにしている。いらぬことをして危険な目に遭うことである。藪は台湾を表象する。弁髪の首を蛇にたとえているが中国（清国）を表しているのは言うまでもなかろう。

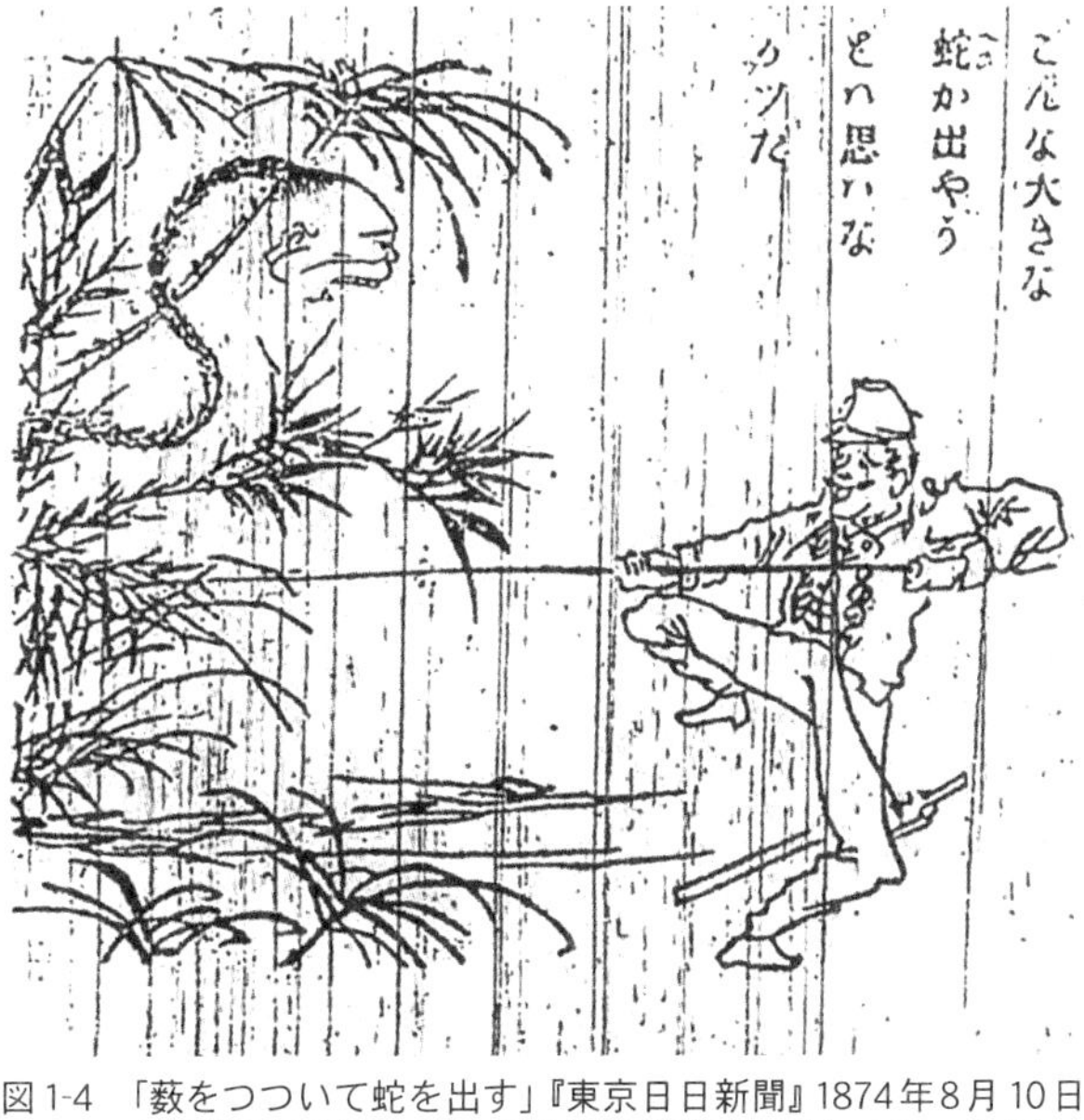

図1-4　「藪をつついて蛇を出す」『東京日日新聞』1874年8月10日付掲載の風刺画＝国立国会図書館蔵（マイクロフィルム）

蛇は歯を剥き出しに歯向かう様相である。藪をつつく軍装の男は日本である。藪をつつくとは、日本が台湾に対して軍事行動を起こすことである。

藪で台湾を表すのは彼の地が未開であることを暗示し、侮蔑的である。詞書《ことばがき》（絵に添えられた説明文）に「こんな大きな蛇が出ようとは思わなかった」（変体仮名は書き換えた）ともっともらしく驚いて見せている、がその実、台湾出兵の真意は又吉が述べていたように中国を標的にしていたのである。作戦は図に当たったと言えるだろう。

台湾出兵の戦闘について又吉は次のように記している。

「攻撃を開始してから、一カ月足らずで終わり、その間、交戦があったのは四、五日のことでほんの小競り合いという程度のものでしかなかった。三六五〇人の兵士のうち、五六一人の死者を出したが、これはマラリアなどによる病死であった」（三二八ページ）。

ちなみに日本兵の戦闘による死者は一二人であった。多くの死因は藪の中の蛇ではなく台湾の気候やマラリアなどの病気だったのである。明治政府はあらかじめ台湾の状況を極秘に調べていたようであるが、軍備としての傷病対策を怠っていたようである。

図1-5はパノラマ的に描画されている。画面左端には椰子《やし》の木とその下に半裸の男を描きいかにも未開社会を演出する。弁髪によって中

図1-5　「台湾日中の争い」『東京日日新聞』1874年8月15日
＝国立国会図書館蔵（マイクロフィルム）

国を表す男と、軍装によって日本を表象する男が剣を交えている。日本は左手を上に挙げ優勢であり、中国は左手を下げ劣勢である。これら二者に比して右手の人物たちは大きく描かれ強調されている。

右端の貧相に描かれる男は琉球を表す。新たな琉球イメージの提出である。琉球人は大男の後ろに隠れ左腕に縋《すが》っている。大男の左腕には手首がない。この身体的特徴からすれば誰を表象しているか容易く特定できそうである。が、該当する国や人物を探し当て得ないでいる。恰幅《かっぷく》のよいこの大男は何者か。ロシアであろうか。

この頃、日露は「樺太・千島交換条約」の交渉中であったが、琉球とロシアの間に交渉はない。「アヂヤ喧嘩で気がもめる」と詞書されている。琉球の帰属問題のその後の展開を考えるとロシアとするのが妥当かもしれない。台湾問題でもちろん琉球は気がもめる。「琉球側は台湾出兵に反対して中止を願い出ていた」（三一五頁）と又吉は述べている。

四　台湾を貪り食う

日本で初めてのマンガ雑誌の出版は「ジャパン・パンチ（THE JAPAN PUNCH）」である、とされる。イギリス人チャールズ・ワーグマンによって一八六二年五月に創刊された。横浜の外国人居留者向けであり、英字である。「パンチ」なる名称はイギリス本国の有名な風刺雑誌『パンチ』を念頭に置いている。

パンチがポンチと訛り、神奈垣魯文《かながきろぶん》と河鍋暁斎《かわなべぎょうさい》は『絵新聞　日本地』（一八七四年）を創刊する。日本人による最初のマンガ雑誌だと目される。「日本地」はニッポンチと読ませ、ワーグマンの誌名をもじっている。風刺マンガ雑誌である。神奈垣は仮名垣とも称される。明治初期の戯作『西洋道中膝栗毛』『安愚楽鍋』の作者だ。戯画は河鍋暁斎が描いた。暁斎は狩野派の画家として出発している。西欧でも人気が高い。「ニッポンチ」では、惺々暁斎と号している。筆禍で投獄されたこともある。反骨の絵師であったようだ。

宮古島民遭難事件から端を発した台湾出兵問題では、ワーグマンも魯文・暁斎とも琉球には関心が薄い。しかし、日本、清国、台湾に関しては並々ならぬ熱意をもって風刺している。

台湾出兵の後処理をめぐって日清の交渉が続くが、台湾撤兵の条件として日本は清国から撫恤《ぶじゅつ》金（賠償金）を得ることに成功する。「大椀を喰《く》らう」（図1-6）は、暁斎の手になる風刺画である。大きなお椀《わん》から食べる者、給仕をする者、両者を衝立《ついたて》の後ろからのぞく者は、それぞれ日本、清国、英国である。英国公使ウェードは、日清交渉の斡旋《あっせん》役として重要な役割を果たしている。衝立に描かれるのは英国の貿易船であろう。英国の利益保持が示されている。なお、日清交渉で渡清した参議兼内務卿大久保利通に随行しているフランス人

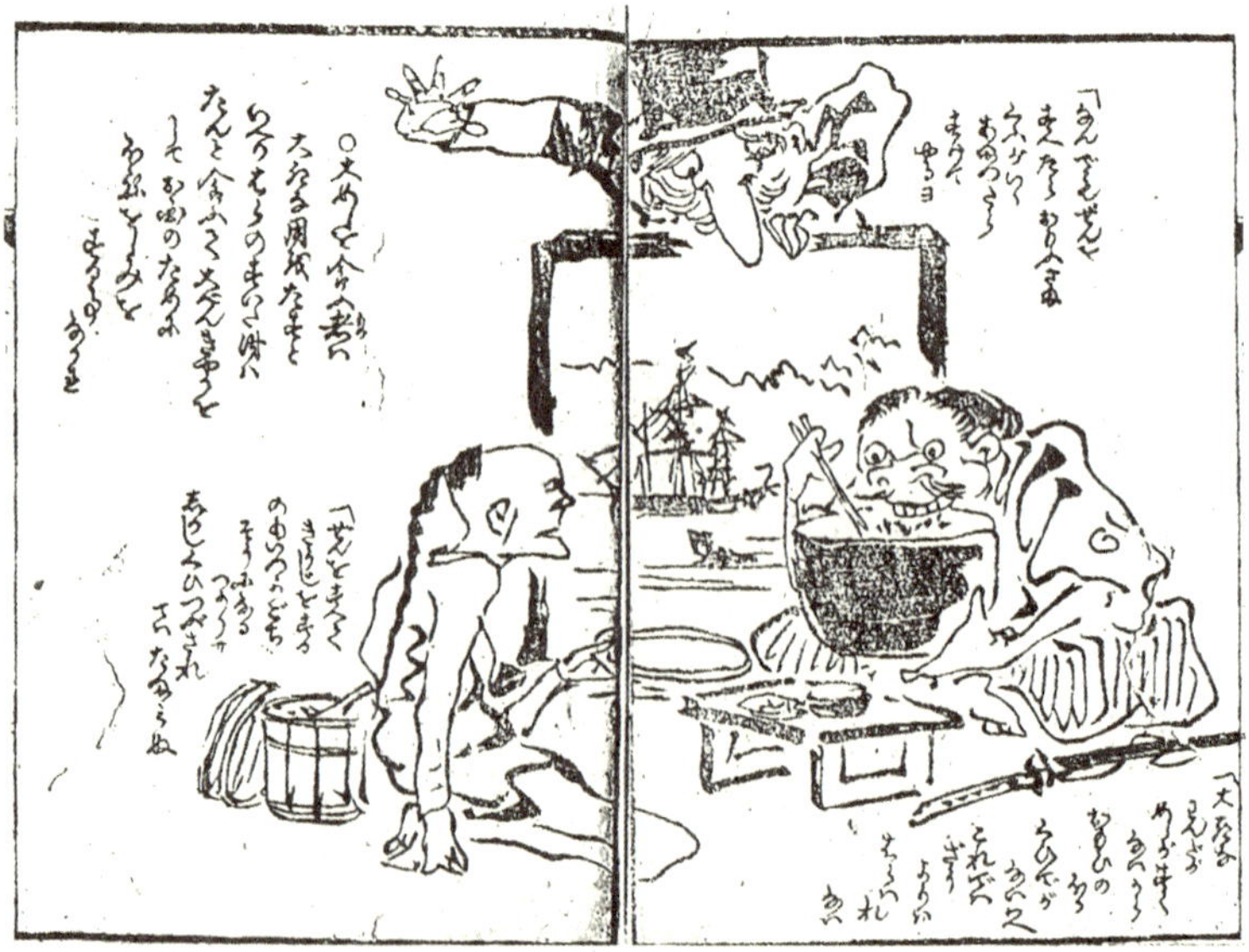

図1-6　「大椀を喰らう」（『絵新聞　日本地』1号、1874年）
＝明治新聞雑誌文庫所蔵

に、お雇い外国人ボアソナードがいる。

　侍らしき風貌を持つ者は日本、大きな椀（大椀）は台湾である。弁髪の痩せた男は清国であり、給仕する料理は撫恤金である。日本は清国を貪《むさぼ》り食うのである。撫恤金を平らげるのである。撫恤金額は五〇万テール（両）であった。


「見舞金1874」（図1-7）は、ワーグマンの描く撫恤金授与の図である。集合写真のような構図を持つ。アシンメトリー（非対称）な構成である。右側の一群に日本軍、左側面に清国の一群を配置している。

　清国側は女性や子供を描くが、日本側は軍人のみである。与えるのは女性、帽子を脱ぎ左手で受け取るのは日本男児。着衣に日の丸マークが散りばめられている。ワーグマンは「五〇万テールの弔慰金をヤングジャパンに授与する」とキャプションに書いている。老大国の清が若い日本に（優勝）カップを授与するの図である。英国出版人が描く台湾出兵の顛末《てんまつ》である。

　なお、東アジア近代史研究者の白春岩は日中の資料

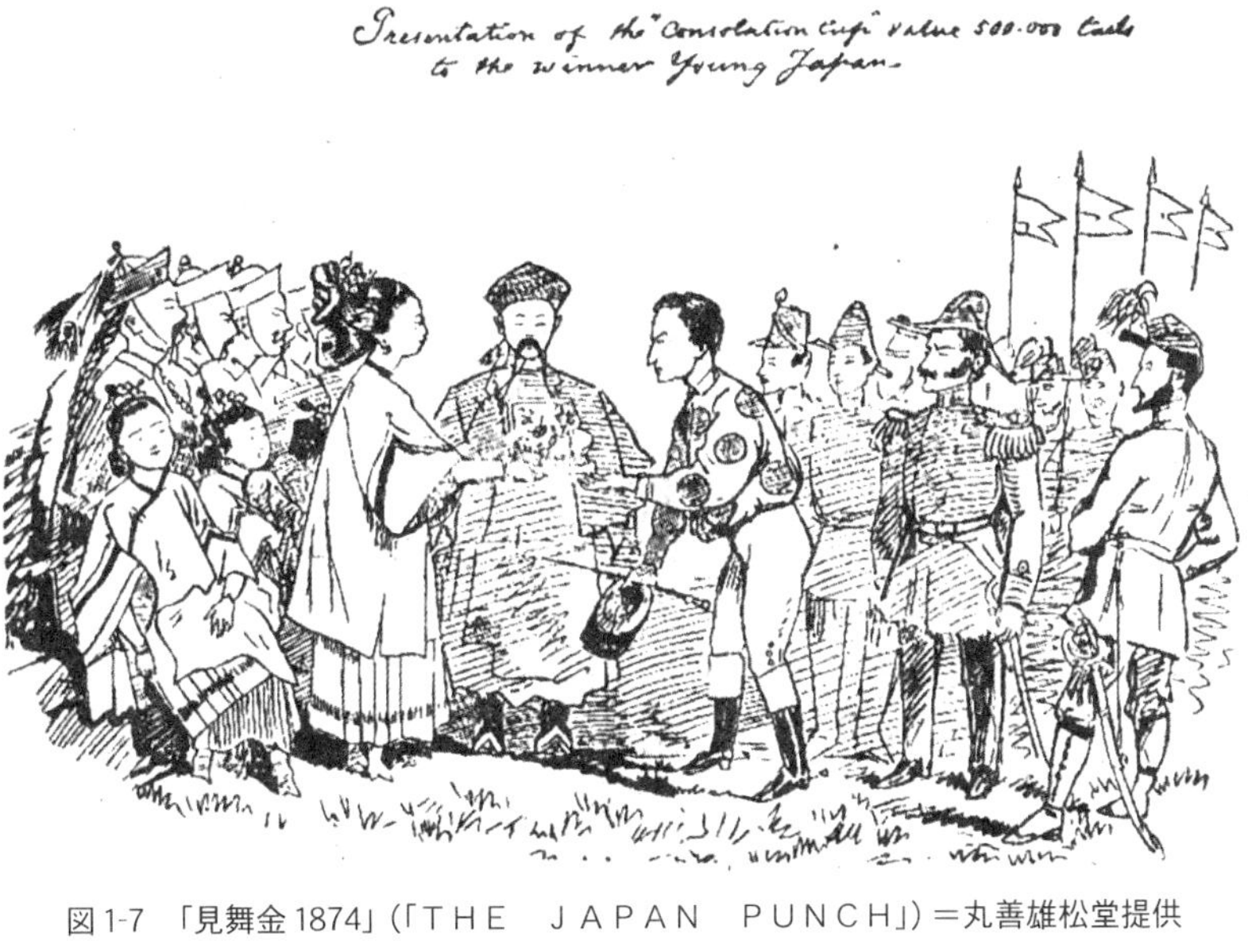

図1-7　「見舞金1874」（「THE　JAPAN　PUNCH」）＝丸善雄松堂提供

を駆使し、五〇万両のうち、一〇万両は琉球への撫恤銀、四〇万両は施設補償金として日本軍に渡された、と述べている。さらに清国としては「撫恤金」ではなく「撫恤銀」であるとしている。五〇万両で日清の間に戦端が開かれなかったことを清国側では評価されていることを論じている（白春岩『一八七四年の台湾出兵と清国の対応』二〇一二年）。

五　日中が琉球引き合う

一九世紀末、明治初頭の琉球は国滅亡の危機に瀕《ひん》していた。いわゆる明治維新によって、王政復古（アンシャンレジーム）がなり、各藩の版籍奉還、廃藩置県が断行され、琉球を実効支配していた薩摩は鹿児島県となり、琉球国はその管理下に置かれた。明治政府は鹿児島県を通じて琉球国の重臣の上京を促し、琉球側はそれに従った。

琉球にとって思わぬことが出来《しゅったい》した。上京した使節らに勅命が下った。曰《いわ》く、「陛《へい》して琉球藩王と為し叙して華族に列す」。この勅諚《ちょくじょう》には「琉球国主尚泰を藩王に封し」と首題されていた（『琉球所属関係資料』第六巻、本邦書籍　一九八〇年）。明治五（一八七二）年の事である。琉球を薩摩の付庸国とみなす明治政府は、琉球国王尚泰を琉球藩王に冊封したのである。藩主ではなく藩王としたところに明治政府の方略がある。

この時点で琉球国は琉球藩に解体された。これに端を発し、清国との間に琉球帰属をめぐる国際紛争が起こったのである。琉球の中山王察度は一三七二年に明国へ入貢し、明は察度を琉球王に封じた。「朝貢—冊封」関係の成立である。一六〇九年の薩摩（＝島津）の襲来により薩摩（＝日本）の支配を受けるようになった。中国と日本への両属である。

明治初期、琉球に印刷媒体のマスコミは発達していない。マンガの類も生まれていない。しかしながら、明治の世の日本においては既に新聞は発刊され、また雑誌類も発行されており、琉球帰属問題を題材とする数多くの風刺マンガが流布されていた。

ここに掲げる風刺マンガ「竜宮の争《あらそい》」（図1-8）は『團團珍聞』（まるまるちんぶん、と読む、マルチンはその愛称）の創刊号（一八七七年三月二四日）掲載の作品である。作者は本多錦吉郎《ほんだきんきちろう》（ただし落款がないので確証できない）である。『團團珍聞』は自らを「於東京絵」（おどけえ）と称し、政府風刺の戯画を掲載してしばしば物議を醸した。

画題の「竜宮」に見えるように日本社会において琉球が竜宮をイメージさせる共通理解のあったことが推察される。このイメージの源泉は『椿説弓張月』が描く琉球イメージであろう。明治時代の風刺画が描くイメージは、新たに琉球イメージをより強固にしていくことになる。

画の構成は絵と言葉が同じ紙面に描かれる黄表紙の

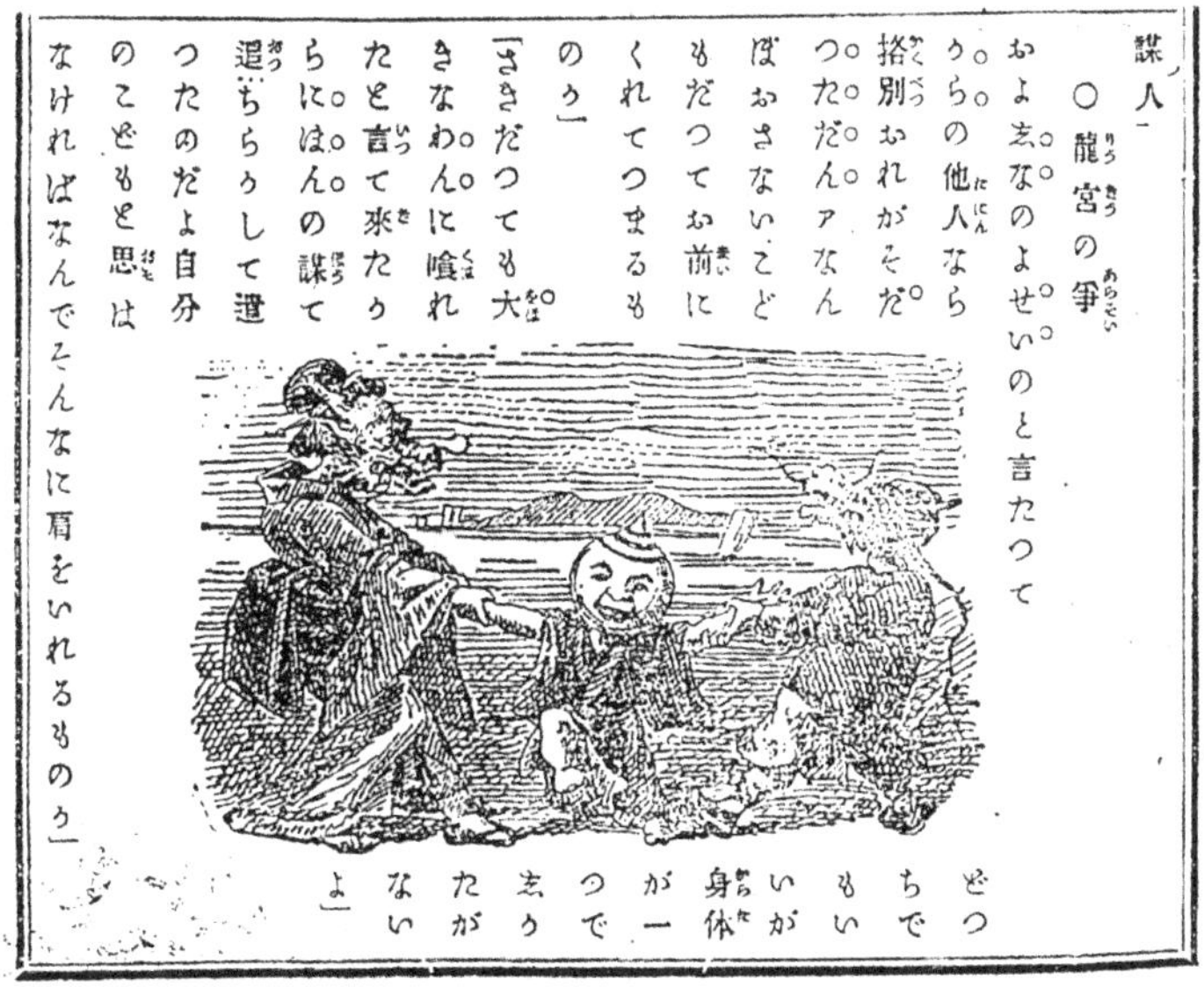

図1-8　「竜宮の争」（『團團珍聞』第1号、1877年）＝明治新聞雑誌文庫所蔵

体裁である。画の中央に子供、左右に竜を配する。子供は掌中の珠として意味づけられる。髪形や衣類によって左側の竜が日本、右が中国（清）を表象する。親権争いの様相である。どちらも譲らない。詞書《ことばがき》を見ると、男竜（中国）は「自分が育てたんだ、日本には遣れないぞ」と言っている。女竜の詞書をつぎに示す（変体仮名は書き改めた）。

「さきだっても大きなわんに喰われたと言って来たからにほんの謀で追ちらかして遣ったのだよ自分のこどもと思はなければなんでそんなに肩をいれるものか」

文中の掛け言葉に着目しよう。女竜の「大きなわん」は、音の類同性で大（だい）＝台（だい）、「わん」は擬音で犬を表しもちろん湾であって、台湾となる。「にほんの謀」は、まず「にほん」は二本であり、日本である。「謀」は棒であり、軍事力を表す。「大きなわんに喰われた」とは、台湾で襲われたことを含意する。これは明治四（一八七一）年、宮古の貢納船が首里からの帰途台風で台湾に漂着し、台湾現地人に殺害された台湾遭難事件を表す。「にほんの謀で追ちらかして遣ったのだよ」は日本政府の台湾出兵（一八七四年）を意味する。注目すべきは「にほんの謀」である。つまり台湾出兵が日本の謀略であった、と暗に示しているのである。驚くべきことである。詞書「自分のこどもと思はなければ」に、恩着せがましさがあり、かつ日本国が琉球を自らの版図と見なしていることがうかがえる。

子供は「どっちでもいいが身体が一つでしかたがないよ」と、その帰属には「どちらでもよい」、という態度である。この時点で琉球の「身体が一つ」が日本、琉球、中国に三分割される危機（分島論については後に触れる）が迫っていることを知らない。

六　明治十二年の初荷

ペリーを提督とする米国の黒船が琉球国に来航、無理やり上陸し開国を促す（一八五三年）。黒船は続いて日本の浦賀に至り、日本の開国を要求する。圧力に屈して結ばれたのが日米和親条約である（一八五四年）。日本開国である。これを手始めに日本は、西欧諸国と次々に条約を結んでいくが、その内容は治外法権を認め、関税自主権を持たず、最恵国待遇を許す不平等条約であった（安政五カ国条約）。琉球国が米国、オランダ、フランスと結んだ条約もまた、不平等であった。

「明治十二年の初荷」（「図1-9」）は、同年の明治政府の内政と外交の課題を突いている。一八七五（明治八）年制定の「新聞紙条令」違反をおもんぱかって事柄を曖昧に間接的に風刺している。初荷の品々が積まれた大八車を引く画面いっぱいの描画は新年のにぎわいの気分が濃厚で活気に満ちている。しかし、山積みになっているのは難題という荷物である。画面奥の左端から見ていく。

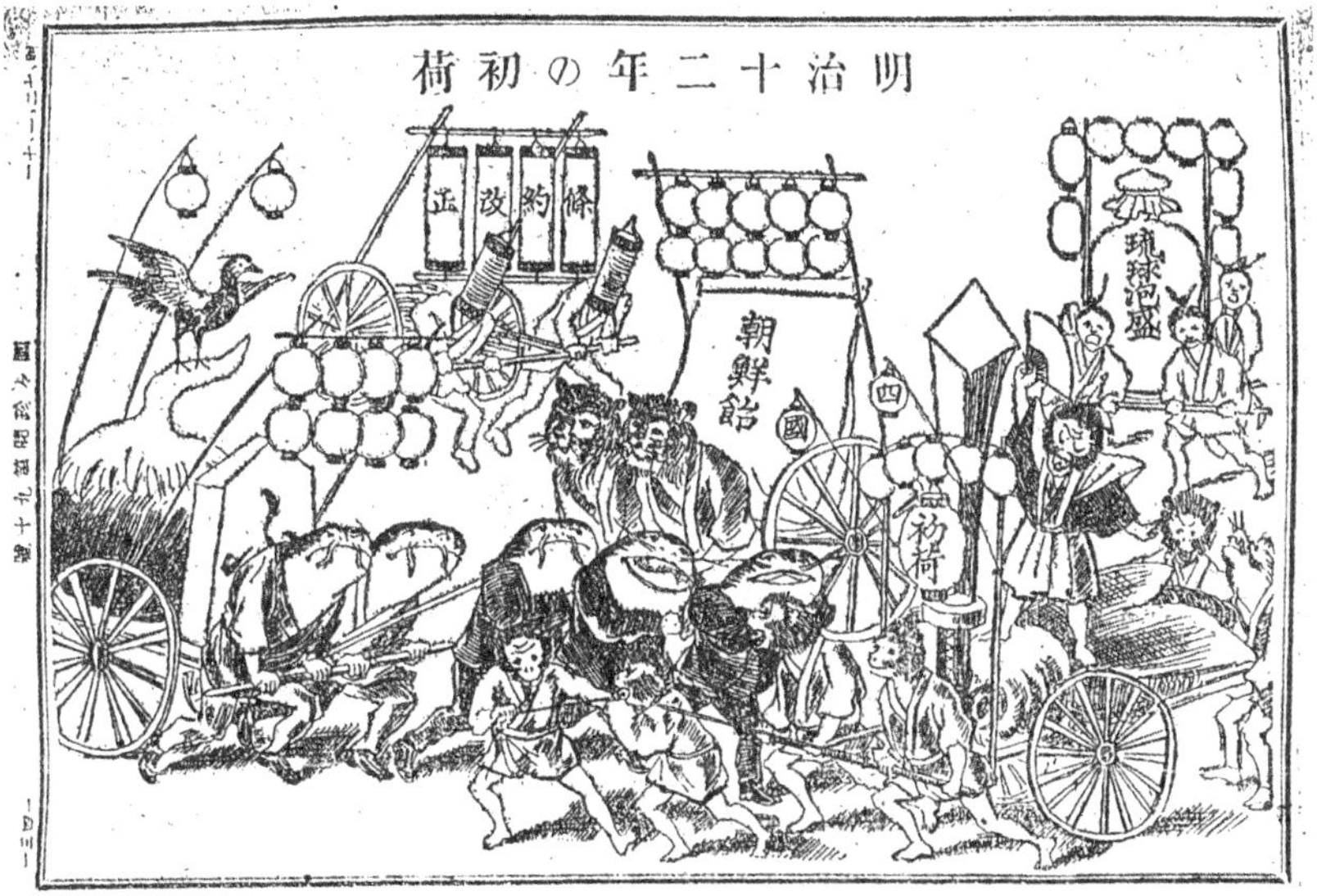

図1-9　「明治十二年の初荷」（「団〻珍聞」1879年1月11日号）＝明治新聞雑誌文庫所蔵

外国に治外法権を認めるなど、日本国はほとんど独立国の体をなしていない。この年の外交課題の一つが不平等条約の改正である。「條約改正」と書かれたちょうちんが見える。寺島宗則外務卿は関税自主権回復問題、寺島辞任の後を受けた井上馨外務卿は領事裁判権の撤廃問題に奔走するも、らちがあかない。小田原ぢょうちんを持つ者たちが当事者であるが、これは小田原評定（長引いて結論の出ない会議や相談）の気味がある。不平等条約が解消されるのは小村寿太郎外務大臣の一九一一（明治四四）年を待たなければならなかった。

朝鮮飴《あめ》の大八車を引くのは虎二頭である。日本の朝鮮出兵時の加藤清正の虎退治をほうふつさせる。朝鮮飴と表記してあるが飴玉が朝鮮特産と言うわけではない、朝鮮出兵時に加藤清正軍が兵糧として持参したのでこの名称がある、らしい。朝鮮飴も虎も朝鮮帝国を示すものである。明治政府は欧米諸国から威圧されて開国させられたのをなぞるかのように朝鮮に開国を迫り実現した（一八七五年）。朝鮮国に強い抵抗勢力のあるのは言うまでもない。

■琉球問題

琉球問題は、一八七二（明治五）年の琉球藩王冊封以来くすぶっている廃藩置県、版籍奉還の実行問題であり、琉球国側は朝命に対して反対の姿勢を崩さない。「琉球泡盛」の酒がめは紛れもなく琉球国を示す。車を引く人物も二本差しのかんざしであり、琉球を担っている。この年の四月に廃藩置県が発布されることで琉球問題は終わり明治維新の完結を迎える見通しであった。

しかしそうは問屋が卸さない。それからも琉球側の抵抗は続くのである。

画面の前面左端の大八車には巨大な将棋の駒に「ふ」の文字が見え隠れする。「ふ＝歩」が立っている。またやはり巨大な慈姑芋《くわいいも》が載っている。「くわい＝会」と読めるから先の主義の駒「ふ」と合わさって「府会」となる。さらに慈姑芋には雉が止まっている。雉は「ケーン」と鳴く。「ケーン＝けん＝県」となる。併せて「府県会」である。つまり県府会開設問題である。明治一一年に府県会規則が制定されいよいよ議会制がスタートする。

内政問題は、明治政府に対する異議申し立てが士族階級から突きつけられている自由民権運動の高まりの政情不安である。明治維新によって四民平等になったとは教科書的歴史観であるが、華族制度があり、士族と平民の階層が厳然としてあり、決して四民平等は実現されていなかった。

明治期の比喩表現としてサルは士族を意味する。サルたちの大八車は本体が大きなセミ、その上に裃姿《かみしも》のサルが音頭を取っている。サルの前にはこれまた大きな剣が抜き身で立てられている。セミは「みんみん」と鳴く。みんみんは「民」であり、剣は「権」である。併せて「民権」である。「四」「國」のちょうちんが見える。自由民権運動の中心人物板垣退助の出身地は四国、高知県である。

明治政府が抱える政治課題を一望のもとに鮮やかに展示している。作者は洋画家・本多錦吉郎（一八五一〜一九二一年）である。

七　国引き

松田道之の二度目の渡琉は、一八七九（明治一二）年一月に実施された。松田のミッションは琉球と中国（清国）との関係を断絶させることである。松田は太政大臣三条実美の「達書」を携え、琉球側に中国と断絶せよとする遵奉書の提出を厳しく迫った。しかし、琉球側はこの朝命に応じなかった。

「国引き」（図1-10）は、松田の渡琉が終わった直後の風刺画である。海中に位置する島のようなどっしりとした大男の髪には二本差しのかんざしが描かれる。琉球国を表す。この男に縄を掛けて引っ張っているのは日本国である。島男を縛る縄がくっきりと描かれている。縄が描かれていることに注意が必要である。

この時期、「琉球藩」を「沖縄県」にするという案件が一般に知られていたかどうか。知られておれば風刺の趣旨が了解されやすい。そうでなければ、設置される県の名称が「沖縄」であることを暗示したスクープであったろう。沖の島に縄とくれば「沖縄」となる。「琉球藩の処分方はいろいろな巷説のある中に先ず確からしい話」として「藩を廃して拿覇県を置かれる」と「有喜世新聞」（一八七九年一月二二日）は報じている。

「拿覇」は「なは」と読む。うがった見方をすれば明治政府は「那覇」県設置を意図していたと推察できる。

図1-10 「国引き」（『妙々雑俎』1879年2月14日号）＝明治新聞雑誌文庫所蔵

断髪男は洋服、洋靴で力いっぱいに頑張っている。琉球国を日本国の版図に入れようとする風刺である。

「国引き」と聞けば、あの出雲の国神話を連想するであろう。出雲の国の成り立ちは、最初国を造った時あまりに狭く小さかったので各地から引っ張ってきて継ぎ合わせたのだと言う。その各地の中には朝鮮半島の新羅も含まれていたりする。国引きとは国土拡張策である。他国を版図化する、という意図が神話として引き継がれている。

画の詞書きを見よう。江戸末期の地口（しゃれ）やことわざが多用されている。

「逃がしてなろうかそれは清元の鳥羽絵、俺は気を揉むの渡海だ。なかなかうんとこどっこいとそう旨く行かない」

清元は、清元節であり、鳥羽絵は江戸時代から明治期にかけてはやった戯画である。その鳥羽絵に描かれた画趣を歌舞伎舞踊にした演目に「鳥羽絵」がある。マスをもった半裸の男がネズミを追い掛けたり、スリコギに羽が生えて男をからかうといった趣旨の軽妙な舞踊である。男は獲物を逃がしてしまう。

「俺は気を揉むの渡海」とは、琉球出張のことであり、琉球に対して朝命を遵奉させることであるが、琉球はなかなか「うん（諾）」と言わない。ミッションにかげりが見えている。

さらに詞書き。

「この縄一本で保っているがプツリときれたら豚尾とろとろと攫われては犬骨折りて鷹」

豚尾はトンビであり鳶となる。豚の尾はその形状から清人の弁髪《べんぱつ》を連想させ清国を意味する。「鳶に油揚げをさらわれる」というが、中国が「とろとろ」とうれしそうに鳴いて琉球国をかっさらってしまう、ヤバイ。

「犬骨折りて鷹」とは、せっかく骨折って手に入れたものを横からかっさらわれてしまうことである。横からさらって行こうとしているのは中国である。中国への警戒感が明らかである。

つまり、日本国はいろいろ画策して琉球国を手に入れようとしているのに中国からじゃまされては水泡に帰してしまうということだ。琉球の廃藩置県に関し、清国はいうまでもなくアメリカやフランスの公使から疑義が出されていた。

詞書きの最後に「重くてコ松タぞ」と記されている。「コ松タ」は困ったと松田を掛けている。重くて困った、とは「中国との関係を絶たせる」任務が困難で松田が難渋している様をあらわす。画中右の男が松田道之を表すのは明白である。二度目の渡琉も徒労に終わった。

八　列強に踊らされる日本

京都で発行された『我楽多珍報』は、ちまたにあるガラクタの中から珍しい話題を掘り出し世間に伝えるのが本旨であり、風刺滑稽を旨とする。一八七九（明治一二）年一月から一八八三年四月まで発行された。この間、琉球問題、条約改正問題、自由民権問題等の扱いが注目される。

その『我楽多珍報』一八七九年二月二一日号に掲載された画「轉顚困舞」は「てんてこ舞」の当て字で表記されている。てんてこ舞と称する舞は存在しない。「てんてこは太鼓の音。太鼓の音に合わせて舞うこと。転じて、あることの準備や対処のため、きわめてあわただしく立ち回ること」（小学館『日本国語大辞典』）である。作画者久保田米僊（一八五二～一九〇六年）は、日本画家であるとともに洋画からも影響を受けている。京都に画学校を設立している。

　画面左側に正装で扇子を持って舞っている三人の紳士たち。扇子には人物を特定する符丁が描きこまれている。左端の扇子には糸巻きが示されている。糸ーいとーいとうー伊藤で伊藤博文内務卿である。

　二番目の男の扇子には蔵のような絵が描かれている。三番目の男の扇子には川と家屋らしきものが認められるが判然としない。『我楽多珍報』の復刻版を編さんした福井純子は、二番目の男は扇にお寺の柄で寺島宗則外務卿、三番目の男は扇に川と家の柄で川村純義海軍卿と解説している。

　図1-11には琉球らしき事は描かれていないが、詞書に「琉球処分」問題への言及がある。「琉球の処分するには私等困る。琉球は意地悪固習な奴。いけなきゃ討て討て。支那にもまれて頑頑」（旧字は新字に変更し、句読点を付した。以下同じ）
　「琉球は意地悪」とはどういうことか。日本国が琉球国から被害を受けていると言わんばかりの表現であ

図1-11　「轉顚困舞」（『我楽多珍報』第五号、一八七九年二月二一日）
＝明治新聞雑誌文庫所蔵

る。松田道之が渡琉して、清国との冊封関係断絶を説得したにもかかわらず、琉球側が承知しないことを暗に風刺している。さらに琉球を「固習」呼ばわりしている。固習は故習であろう。古い習わしに固執していると言うのであろう。「支那にもまれて頑頑」と併せ考えると、日本政府の命令に応じない琉球の頑固さを非難していることが含意されている。従って、政府の命令に従わないのならば「討て」と主張していることになる。そう、不服従の罪を問い、軍事力の行使を扇動している。

条約改正については、「有名無実になるだろう」と冷ややかである。明治政府は西欧列強に認められるべく西洋化にまい進し、制度、風俗の欧化によって〝後進性〟を抜け出し、条約改正の交渉に臨もうとしていた。

財政問題は深刻である。「紙幣を出すたび金貨が暴騰する」のであるから。外国との交易で幕末以来、金（小判）の海外流出が続いていた。日本国の金庫は明治初期「カンカラカン」になっていた。一八七七年の西郷隆盛を盟主として起こった西南戦争の戦費の影響もあったであろう。インフレーションも進行していた。

画の右の外国人らは、詞書からイギリス人、ドイツ人、フランス人、アメリカ人を象徴していることがわかるが、どの人物がどの国を表しているのかつまびらかにしない。ただし、ブラス（金管楽器）に「仏」の字を当てていることからラッパ吹きはフランスを示すものであろう。「アメリカ囃子」の表記から太鼓をたたいているのはアメリカだろうと推測される。画面右端で音頭をとる男は山高帽をかぶっている。山高帽の発祥はイギリスである。したがってこの男はイギリスを示すであろう。西欧列強である。日本の大臣たちは扇子を手に舞っていたのではなく、西洋人のラッパや太鼓に合わせて舞わされていたのである。「日本髭らを舞わした舞わした」と詞書されている。

「琉球処分するには私等困る」とするのは西欧列強であろう。なぜ困るのか。西欧列強にとって琉球に何らかの利害が存在していることが示唆される。

九　藩から県へ　武力を背景とした「琉球処分」

「芋から剣が」（図1-12）は、琉球の廃藩置県を風刺する一点である。画面中央の巨大な芋が目を引く。芋の左側の切断面には「琉球」の文字が描かれている。これは芋で作ったハンコのようである。芋判である。琉球判である。すなわち琉球藩を暗示する。

ここで、沖縄の芋についておさらいしておこう。『嘉手納町史』資料編第三巻は次のように記している。

「中国から万暦年間（一六世紀後半〜一七世紀初頭）にもたらされた蕃薯《ばんしょ》は、やがて沖縄の人々の主食となった。葉やつるはカンダバーとして汁物に、さらに皮も豚の飼料となった。捨てるところなどなく、一〇〇%が消費された。痩せた地にもよく生育し、狭い土地でも多く収穫された」

蕃薯とは甘藷《かんしょ》、すなわち芋である。なんとすてきな

図1-12　「芋から剣が」（『団々珍聞』96号　1879年2月22日）
＝明治新聞雑誌文庫所蔵）

作物であろう。芋を中国から琉球に導入したのが野國総管である。琉球、九州、本州と伝搬したものらしい。明治初期には琉球と言えば「琉球芋」のイメージがあったのである。

詞書に「この芋を去年あたりの芋と間違えては大変。これは琉球芋でござい」と記されている。「去年の芋」とはサツマ芋を思い起こす。薩摩（鹿児島県）における西南戦争は王政復古（明治維新）の立役者の一人であった西郷隆盛の乱で、官軍（政府軍）によって鎮圧されている。

ついでながら、「琉球藩」の設置について見ておきたい。一八七二（明治五）年、伊江王子朝直（尚健）を正使とする明治維新（王政復古）の慶賀使一行が参朝した。この時琉球国は日本国に朝貢し、かつ明治天皇より尚泰は「琉球藩王」として冊封されたことになった。かつて「琉球藩」なるものは存在しなかった。尚泰を琉球藩王に封じたからその領地が「琉球藩」とされたのである、と解釈される。

「琉球藩」が設置されたという証拠となる資料はいまだ見つかっていない。松田道之の編さんした『琉球処分』には琉球藩王冊封の詔勅（勅諚）の文言に「薩摩附庸の藩たり」と「藩」が書き加えられている。

芋の右側から剣の切っ先が突き出ている。これは剣であって日本刀ではない。そこに深い意味が隠されている。王政復古は武家政治を天皇支配に復するのに下級武士が率先した革命である。この剣は侍の刀剣ではなく三種の神器（鏡・玉・剣）のひとつ草薙剣《くさなぎのつるぎ》でなければならない。天皇の武威を示す。

剣は音の類似性から「県」を含意する。すなわち、剣→けん→県の意味のずれを巧みに利用している。芋は芋判からの連想で「藩」を表す。つまり「琉球」の文字の印刻された芋は「琉球藩」のことである。その頃、琉球国は日本国にとって「琉球藩」である。日本全国では一八七一（明治四）年に廃藩置県が実施されていた。「琉球藩」のみ、廃藩置県が未処置であった。「琉球藩王」が版籍奉還し廃藩置県がなされなければ王政復古は完成しない。

画面中央に中国（豚で表象）と日本（和装で包丁をもつ）を配している。画面左端の豚は日本による「琉球処分」を懸念する中国（清）である。画面右の刃物を持った男たちは刃物すなわち武力を背景に琉球の廃藩置県を企図している。藩から県へと天皇支配を実質化する廃藩置県の緊張状態を描いている。一見両者を仲裁しているかのごとき人物は山高帽をかぶっているのでイギリスを表す。

詞書に「小理屈を並べ立てる」と評されているのは、中国（清）との国交断絶を迫る明治政府に対する琉球国の抵抗である。さらに「物事はしっかり極めずに判にしておけば波風が立たぬは何事も内端が肝心」とは琉球国側の大人の知恵というものだろう。琉球の日本と中国への両属をそのままにしておき、判（なかば）にしておき内端（ひかえめ）を旨とした方がよい、というのである。「判にしておけ」とは、廃藩置県の否定である。画に添えられた英文のキャプションは「隣国清の抗議をよそに日本は琉球を日本の県に組み込もうとしている」と意訳できる。

十　武力でもって処分

松田道之（一八三九〜一八八二年）は一八七九（明治一二）年三月一一日、処分官として渡琉を命じられた。園田警視補以下警部巡査六〇人がその指揮下に置かれ、更に鹿児島で益満大尉の卒いる歩兵大隊四〇〇人が加わり、二五日那覇に着き、二七日に首里城に乗り込んだ。（『比嘉春潮全集』第一巻参照）

松田は、藩王代理の今帰仁王子朝敷、三司官、諸役人列席のもとに、太政大臣（三条実美）からの令達書を朗読して、交付した（新屋敷幸繁『新講沖縄一千年史』参照）。二七日を期して廃藩置県が成り、版籍が奉還された。その時、琉球国の歴史が止まった。沖縄県の始まりである。琉球人は天皇の赤子《せきし》にされたことになる。

「琉球藩」の版籍奉還と廃藩置県の実施をもって「王政復古＝明治維新」は完結した。『朝野新聞』は「我が太政大臣は昨四日をもって断然琉球藩を廃して沖縄県を置くの命令を渙発せらるる」（四月五日）と報じている。しかし、日本、沖縄、中国の関係はもつれていく。

挿画「判（藩）から剣（県）に」（図1-13）は、「琉球藩」に廃藩置県が宣告された直後に描かれた。松田道之の最後の渡琉を風刺する。剣を振り上げ、琉球の印璽（はんこ）を一刀両断にしたのが松田道之である。「琉球藩」を剣でもって県にする図である。剣は武力を意味する。詞書に「不動さん」の文字が見える。これは不動明王を連想させる。不動明王は倶利伽羅剣《くりからけん》という剣を持つ。不動明王の剣は三毒を断つものである。三毒とは煩悩を表すとされるので、この画の趣意にそぐわない。

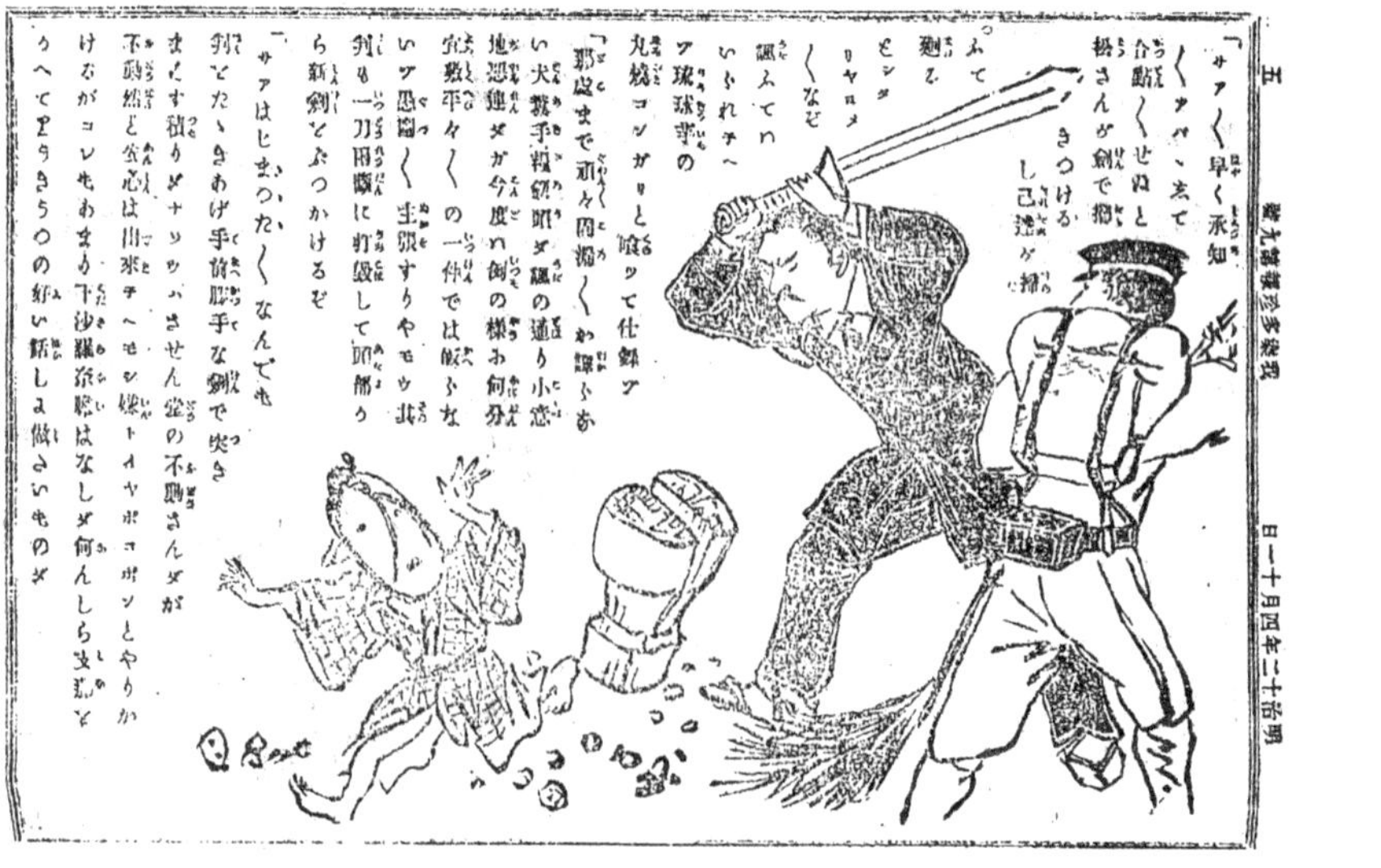

図1-13　「判（藩）から剣（剣）に」『我楽多珍報』1879年4月11日号
＝明治新聞雑誌文庫所蔵

この剣は三種の神器の草薙剣《くさなぎのつるぎ》と考えたい。天皇の権威を象徴する剣である。天皇の威武である武力（剣）でもって県を置くのである。廃藩置県とは版籍奉還して領民と領地を天皇に返還し、天皇統治に服する事である。

「琉球藩」においては「琉球藩王」の尚泰による自主的な版籍奉還はなされていない。「琉球藩」の廃藩置県は武力を背景とした屈辱的事件である。この風刺画はこの間の事情を描写している。

はだしで逃げ出すのは琉球である。いかにもか弱い。顔を見れば草履である。弊履《へいり》（破れた履物、価値のない物）の如く扱われている。剣を振りかざしているのは松田道之。詞書に「松さんが剣で擲きつけるし己達が掃ふて廻る」とある。「松さん」とは松田道之である。その松田は洋装であるにもかかわらず草履ばきである。足袋も履いているようだ。なんともちぐはぐである。割れた判は、音の類同性から判→はん→「藩」につながり、その藩が切られて県になるとの寓意《ぐうい》である。

判の周りにはかけらが散乱している。これは廃藩置県の結果である琉球側の不平不満を表している。これらを一掃するのが向こうを向いている人物である。木梨精一郎（一八四五～一九一〇年）である。ほうきでごみやかけらを掃いている。木梨は一八七六（明治九）年七月から鎮台分遣隊・警部巡査等を伴って内務省沖縄出張所長に就いていた（菊山正明一九八五「置県前後における沖縄統治機構の創設」『早稲田法学』六〇巻三号）。強い権限を持っていたのである。「琉球芋の丸焼コンガリと喰らって仕舞ゾ」とうそぶいている。

■「頭部から新剣」

松田は、二度の任務失敗の後なのでイラついている。「今度は例の様に何分宜敷平々平々の一件では帰らないぞ。愚図愚図主張すりやもう其の判も一刀両断に打毀《うちこわ》して頭部から新剣をぶつけるぞ」、と。片や琉球は「なんでも判をたたきあげ手前勝手な剣で突きまわす積りだな」と廃藩置県への抵抗を示している。

あの福沢諭吉が松田の渡琉に際し書簡を送っている。「陳《たとえ》ば此度は侯又琉球御用御苦労奉存候。ほのかに承れば廃藩に可相成由。甚面白し」「琉球国は両属の理なし、両属して国の為に不便利なり、日本政府は琉球を取りて自ら利するにあらず、琉球民を救ふの厚意なり」（『福澤諭吉全集』第一七巻、二九五ページ）。

諭吉は廃藩置県が琉球民を救う、と松田の任務を称賛している。琉球に対する恩着せがましさ、つまりは、明治政府の琉球併合、領土拡張主義を肯定的に見ている。明治を代表する知性の正体である。

十一　ブタとナマズの争い

一八七九（明治一二）年の一月、内務大書記官・松田道之は二度目の渡琉で琉球国（日本側からすれば琉球藩）で公務中であった。この時期、「団々珍聞」は風刺画「ブタとナマズの争い」（図1-14）を掲載している。

ナマズと言えば、江戸庶民になじみのある鯰絵《なまずえ》を思い起こす。一八五五年の江戸震災を契機として、鯰絵が刷られ、民衆の間に流布するようになったという（アウエハント・C「鯰絵」せりか書房参照）。

さらにナマズは大津絵の画題「瓢箪鯰《ひょうたんなまず》」をも連想させる。大津絵は仏画として始まり、のちに風俗画や風刺画が多く描かれ観光土産品として評判を呼んだようである。瓢箪鯰について「猿が大きな瓢箪をかかえて鯰の上に乗っかっている。つまり猿知恵の愚かさを風刺したものである」という解説もある。

ナマズが地震の元凶であり、地中にすむ大ナマズが暴れることによって地震が起きる、とする俗説がある。

地震を鎮める魔法アイテムが鹿島神社の「要石」である。ナマズは地震とともに、そのひげの形から明治時代の高級官僚の表象でもある。詞書に「往昔は蜻蛉今ハ鯰の國」とあり、トンボ（蜻蛉）は日本を表していたから、この大鯰も日本を表す。

挿絵のナマズは豚の大きさにまで大きく誇張されて描かれている。ちょっと見には豚（清国）がナマズ（日本）の頭を押さえつけ、背中に負う何者かを奪おうとしているかのような構図である。豚は右手でナマズの頭を押さえつけ、左手は背に負った奇妙な生き物を支えている。豚はナマズから背負った何ものかを守っているようだ。

「掃き溜めをほる先生」と擬人化された豚が背負う生き物は、胴体は豚、頭部はナマズである。キメラである。キメラはギリシャ神話のキマイラ、頭はライオン、胴体はヤギ、尾はヘビのかたちをした怪物に由来する。日本では頭は猿、胴体はタヌキ、手足は虎、尻尾は蛇、という怪獣、鵺《ぬえ》として現れる。

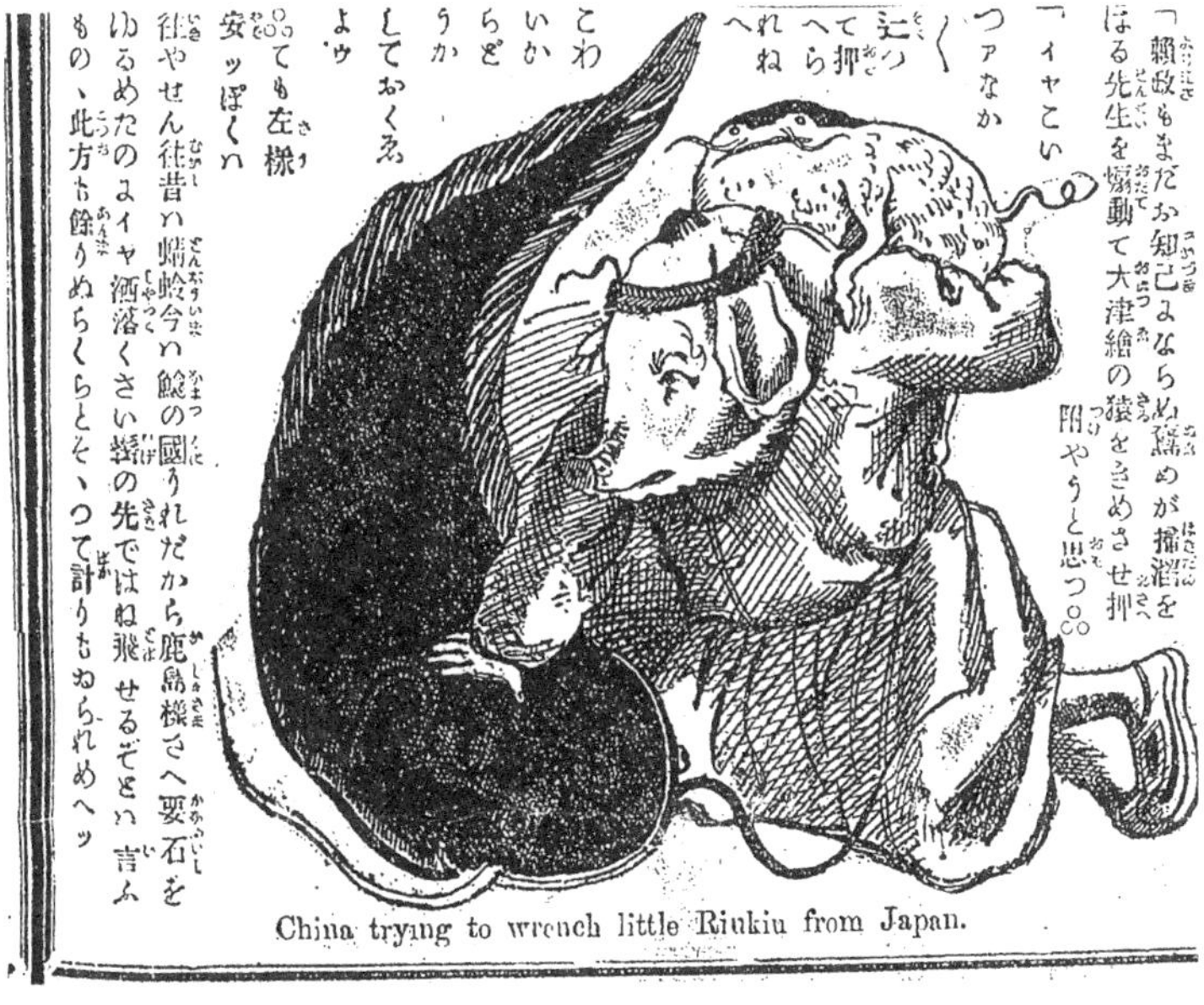

図1-14　「ブタとナマズの争い」（『団々珍聞』91号　1879年1月18日）
＝明治新聞雑誌文庫所蔵

詞書に「頼政もまだお近づきにならぬ鵺めが」とある。これは源頼政が、鵺を退治したという故事を基にしている。いかにも弱々しそうなブタとナマズの合体した形の琉球国は鵺として描かれていることになる。これは清国と日本に両属している琉球国の立場をうまく描き出している。

英文のキャプションは「清国が琉球を奪取しようとしている」と意訳できる。しかし、鯰絵的に見れば、ナマズは地震・災厄を引き起こすものである。「琉球処分」という日本国（ナマズ）からの要求は琉球国にとって災厄以外の何物でもない。この「琉球処分」という地震を止めるには要石が必要である。

要石の役割を琉球は清国に願った。琉球国が清国を「煽動《おだて》」て「大津絵の猿をきめさせ押さえつけよう」との詞書はこの間の事情を示している。すなわち清国に背負われた琉球は、清国を操り「廃藩置県」への防御としている、と考えられる。

とはいうものの、初代駐日公使・何如璋（一八三八〜一八九一年）は「一方では明治政府（外務省）との外交折衝にのり出すとともに、他方では琉球問題に国際的な注目をあつめるために、琉球の陳情特使らに教唆して日本駐在の欧米各国公使へも請願書を提出するように仕向けた」（西里喜行「琉球救国運動と日本・清国」一九八七年）とも書かれている。陳情特使らとは富川親方、与那原親方らであった。

三条実美太政大臣からの達書は、清国との関係を断絶すること、明治年号を用いること等の強要である。琉球国王（琉球藩王）の返事は松田道之の使命を砕くものであった。松田は琉球国王へ「今般御達しの条件につき今日御差し相成りたる御決答書は即ち御遵奉なき御主意と視認め申候」との書面を送り、憤然と琉球国を去るのであった。

十二　「身代限り」と「王子上京」

明治政府は、一八七九（明治一二）年「琉球藩」の廃藩置県を強行した。琉球処分官の松田道之が、随行官吏、警官隊、兵隊を引き連れての断行であった。三月二七日、処分官らは首里城に入城した。廃止された「琉球藩」は「沖縄県」とされた。西里喜行（琉球大学名誉教授）は「廃藩置県」を「廃琉置県」としている（『沖縄県の歴史』二〇〇四年）。琉球藩ではなく琉球国が廃されるニュアンスを提示している。

図1-15は「身代限り《しんだいかぎ》」になぞらえて琉球の廃藩置県を風刺する。身代限りとは破産または倒産である。琉球藩は破産するのである。身代限りの比喩は秀逸である。藩の借金の残額が約一二万円程あり、明治政府は琉球藩処分の総経費として一一万六六九四円三七銭五厘を支出したという（新屋敷幸繁『新講沖縄一千年史』下巻）。琉球国は財政破綻に直面していたのである。

琉球藩（琉球国）は畳表を商う店として描かれている。

図1-15　「畳屋の身代限り」（『団々珍聞』第104号　明治12年4月19日号）
＝明治新聞雑誌文庫所蔵

「畳表店」が琉球の比喩になっている。畳表が琉球の特産品であると読者には知られていたことになる。画面右端ののれんに「畳表品（屋）」と「沖縄」の文字が染め抜かれている。この絵は琉球ではなく「沖縄」の文字が描かれた最初期の作品である。

画面中央の人物は松田道之（日本国）である。左端の人物は病床にある藩王代理の今帰仁王子朝敷（一八四七〜一九一五年）である。藩王尚泰の弟である。松田に付き従うのは銃剣を帯びた軍装の木梨精一郎（一八四五〜一九一〇年）である。木梨は一八七六（明治九）年から琉球に在勤していた。廃藩置県後、木梨は県令心得に任命され初代県令が着任するまで沖縄に在勤している。店頭には中国人が描かれる。清国駐日公使の何如璋《かじょしょう》であろう。「身代限りなら此方にも些か配分を取なけりやァ」と嘆じている。

廃藩置県を断行した日本政府にとって次の課題は旧藩王尚泰を上京させることであった。一筋縄でいかない。琉球側は尚泰の病気を理由に上京延期を嘆願哀訴した。尚泰上京延期を直接政府に嘆願するために中城王子尚典を上京させるべく松田に願い出、松田はこれを認めた。

上京した尚典は直ちに尚泰の上京猶予を願い出たが却下された。それどころか彼自身東京滞留を命じられた（五月八日付）。

「尚典は東京で人質にされたかたちになった」とは比嘉春潮の言葉である（『比嘉春潮全集』第一巻参照）。尚泰上京を遅らせる琉球側の思惑は外れ、かえって窮地に陥ってしまった。

図1-16は尚典の上京を風刺する。フロックコートの男たちに両手を引かれている子どもは中城王子尚典である。当時一四歳八カ月である。五月三日の『朝野新聞』は尚典と随行員たちが横浜から汽車にて新橋駅

に移動したことを報じている。

　王子の服飾について興味深い記述がある。「萌黄《もえぎ》色綸糸に幅の広き赤地の金襴《きんらん》の帯を締め金蒔絵《まきえ》の印籠を下げ表付きの中折れ下駄《げた》を履き」とある。このきらびやかさは風刺画には描かれない。

　両脇の男の一人は詞書に「足の伊とうないように」とあるところから、伊藤博文内務卿であることが分かる。また「チト道を往すぎタカ」とあり松田道之が示唆されるが彼はこの時期琉球で任務中であった。「すぎ」から宮内大輔の杉孫七郎であろうと推察される。右手の男が指さす方先は菊花の飾りのある雲の上の御殿である。菊花の紋章は皇室、天皇を表す。琉球が天皇制に組み入れられることの比喩である。

　「これからは美味しいものは食べ放題、贅沢し放題」と甘言を弄《ろう》しているが、子どもは「これからおじさんのような散髪になって袖のない羽織やパッチはくのは嫌だ」として抵抗している。画趣は明らかであろう。

　最後の琉球国王尚泰の上京問題は緊迫していた。

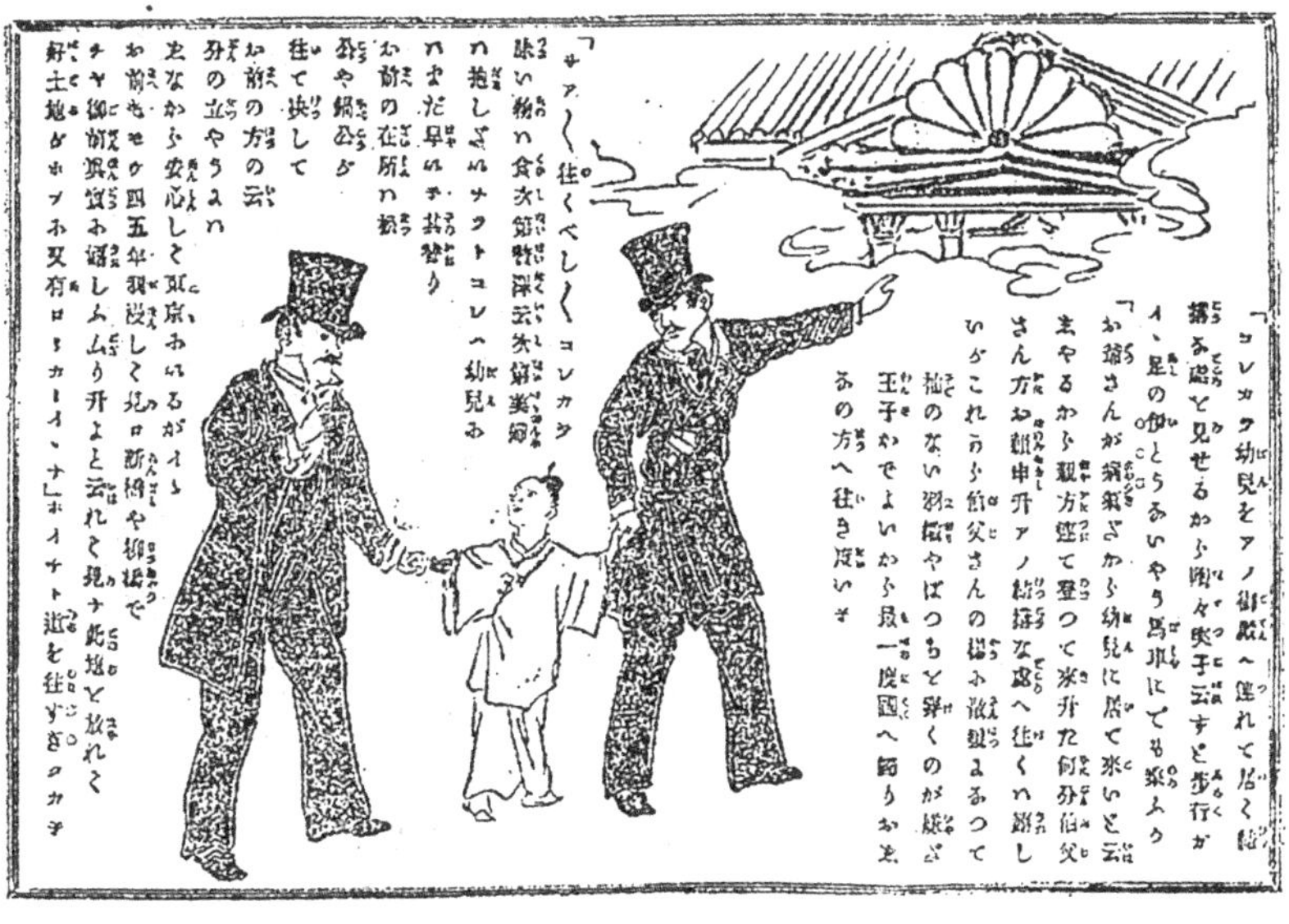

図1-16　「王子上京す」（『我楽多珍報』第13号　明治12年5月16日）
＝明治新聞雑誌文庫所蔵

十三　「琉球藩王の病気」と「殻蛤龍宮城を吹き出し」——琉球藩王の移住強制　日清の国際関係風刺

琉球の廃藩置県後の初代県令鍋島直彬は、一八七九（明治一二）年五月八日に沖縄県に赴任すべく横浜港を出帆した。船には五等侍医高階経徳、宮内省御用掛陸軍少佐相良長発らが同乗していた。明治政府は病気を理由に東京移住を渋る旧藩王尚泰を急がせるべく侍医（皇族を診療する医者）を遣わしたのである。高階家は代々医業をもって天皇に仕える。船は一八日に沖縄着、侍医の高階は尚泰を診察し、船旅に支障がないと診断した。尚泰は随行員一〇〇余人を伴って五月二七日に沖縄（琉球）を離れ六月八日に東京に着いた（『真境名安興全集』第二巻四〇頁参照）。十日余りの旅程である。

「琉球藩王の病気」（図1‐17）は、医師が尚泰を診察している様子を示している。二本ジーファー（かんざし）は尚泰である。医師はさじを握っている。薬剤の調合をするのである。盆には水差しと茶わんがのっている。薬袋には「鎮琉丸」と記されて

図1-17　「琉球藩王の病気」（『団々珍聞』第123号　1879年8月30日号）
＝明治新聞雑誌文庫所蔵

いる。医師のさじ加減で琉球（沖縄）を鎮圧する意味が付されている。
明治政府が侍医を派遣したのは、尚泰が病気を理由に上京を延期するのを許さないためである。高階侍医は天皇の意を受けているからあらがえば朝命不服従となってしまう。尚泰は上京するしかなかった。

尚泰は舌（べろ）を出している。舌を診ているようだが侍医にあっかんべーをして愚弄《ぐろう》しているの図であるかもしれない。詞書に「舌はこのように変わっております」とある。診察を受けているように見せかけて反抗しているのだろうか。高階の診断は「離魂病」であるという。身体のあるところと魂のあるところが異なるらしい。病人の胸（魂）から出る想念は海の向こうの清国の城閣である。つまり、沖縄県（日本併合）にされたとはいえ心は中国にある、という事である。

別の側面がある。男の手前の台に鍋の絵が描かれている。鍋島直彬を暗示する。詞書は「鍋庵の手際にはゆきそうもない。始終は匙《さじ》の投げものだろう」としている。鍋島県令の沖縄統治は難航し、結局はさじを投げることになるだろう、ということだ。「庵」の表記から医師を連想させる。
高階侍医が尚泰を診た事実をもじり、鍋島を医師に見立て、旧琉球藩王にして琉球国王尚泰の東京移住を強行させる事と、鍋島の沖縄統治の困難さを同時に示している。優れた手際である。
明治一二年六月九日、尚泰は新橋駅に着いた。『有喜世新聞』の記事を引用しよう。

「出迎えの親方里之子親雲上等一同下乗場に土下座をして拝せしは君臣の旧情念こそと思われたり扠尚泰君（四〇才ぐらい）には病中故か両手を引かれて」云々。（六月一〇日）

尚泰の東京移住で、松田道之の懸案はほぼ終わった。松田道之はこの功績で勲三等に叙せられた。（『有喜世新聞』明治一二年七月四日）

「殻蛤龍宮城を吹き出し」（図1-18）は、図1-17に見たのと類似の城閣が認められる。ただし、図柄は同じでも画題に「龍宮城」とされているので、この竜宮城は琉球国を示す。琉球帰属をめぐる日清の国際関係を風刺している。詞書に「蛤《はまぐり》が龍宮を吹くを蜃気楼《しんきろう》といふ」とある。「蜃《しん》」は巨大なハマグリともいわれる架空の生物である。「気」を吐くと楼郭が現れるとされる。「清《しん》」にも通じる。図右の巨大な蛤頭の人物は、頭髪や衣服から、そして「殻蛤」と表記されていることから、「殻《から》」＝「唐《から》」で清国を表象する。その蛤は琉球という城郭を吹き出している。清国が琉球国を日本に吐き出したとの寓意《ぐうい》である。

しかし詞書に「（日本の）蛤の責めかたが強かったので蜃気労」とあるので、「責め方が強い」とは日本の廃藩置県の強行であり、これで「蜃気楼」＝「辛気労」として心を煩わすことになったのである、とも読める。日本が琉球の

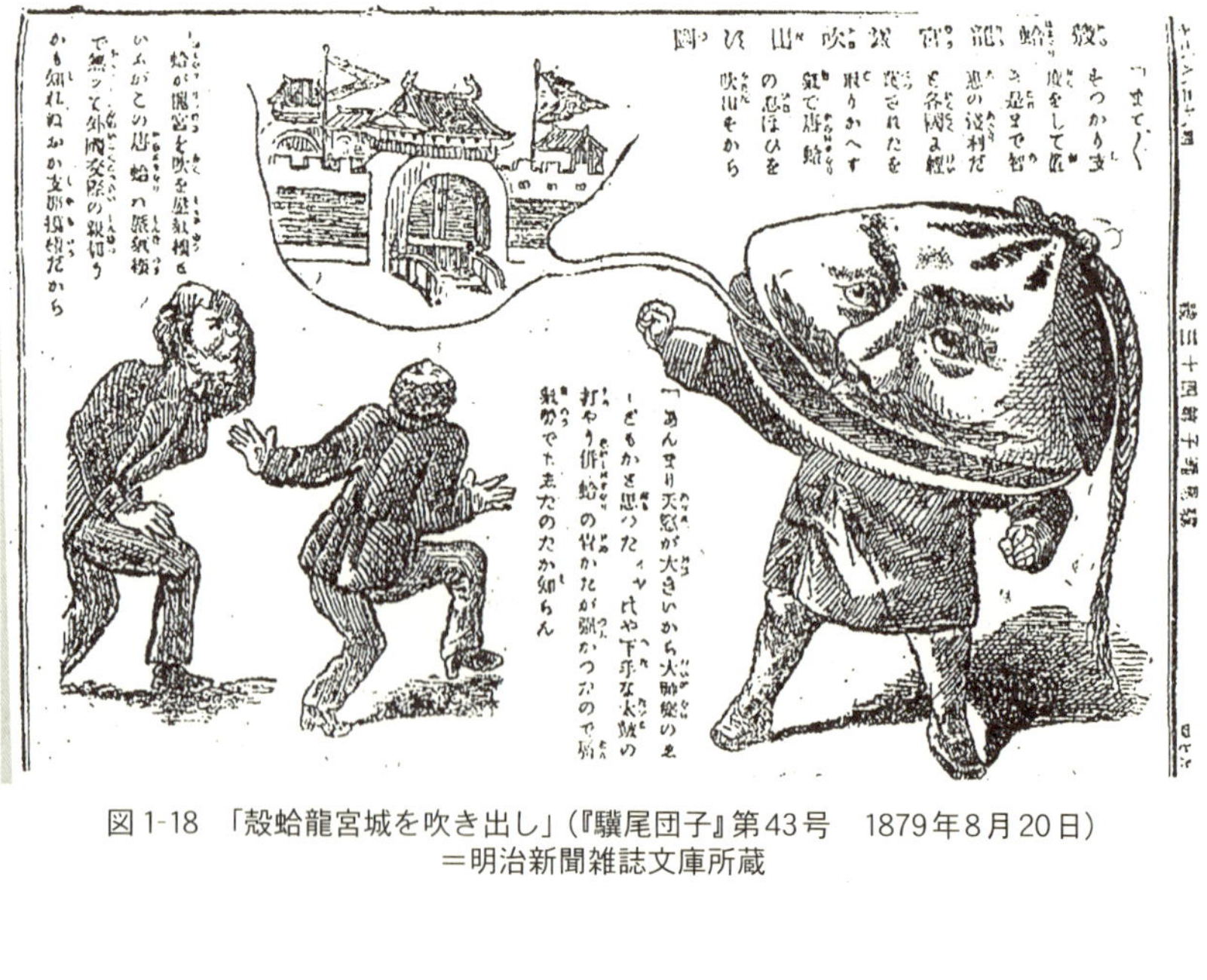

図1-18　「殻蛤龍宮城を吹き出し」（『驥尾団子』第43号　1879年8月20日）
＝明治新聞雑誌文庫所蔵

日清両属関係を断絶させ清国が断念したような画意を掲げているが、風刺画である以上これで終わらない。蛤にはこれを転倒させた「ぐりはま」の意味がある。「ぐりはま」とは、かみ合わないこと、調節がうまくいかないたとえでもある。琉球側は従前どおりの両属を望み、日本側は併合を望み、清国側は日本の処置を認めない。事態はかみ合っていないのである。

十四　中国に救い求める琉球

明治維新のドサクサの間に琉球国王尚泰を「琉球藩王」に封じた日本国は、琉球国を「琉球藩」とみなし、一八七九（明治一二）年に廃藩置県を強行して琉球国を「沖縄県」とした。この間、「琉球救国運動」が起こる。琉球国を脱出して清国に渡り琉球の窮状を訴える。後田多敦は「琉球救国運動は、日本の琉球国併合に対する琉球人（沖縄人）の抵抗として取り組まれたものである」と述べている（『琉球救国運動』三〇六ページ）。

「脱清」（図1-19）は琉球人の渡清（脱清者または亡命者）を主題にしている。琉球人は鳥と見立てられている。詞書に「鳥と見立てが鳴き声に困る」としている。その鳴き声は「ニーポーンイヤイヤ、シナイーイー」であり、「日本は嫌だ、清（しな）がよい」というのである。そして「トブカラカラ」と軽快な羽音を立てて軽々と張られた縄を飛び越えるのである。「トブカラカラ」とは「飛ぶ、唐」で脱清を意味する。日本側には「折角沖へ縄をはってこちらとおもふたに」と語らせている。沖に縄を張る采配をするのは松田道之である。縄を張るのは兵士と警官だ。日本が軍隊と警察隊を派遣して「廃藩置県」（西里喜行は「廃琉置県」と称している。『沖縄県の歴史』山川出版を参照）を強行した意図がうかがえる。

図の左手前はその衣装や弁髪の人物から清国を表していることが明白である。食事をする人物は琉球人である。厚遇を受けていることが推察される。詞書の「球鳥提袋に入るときは唐人もこれを救」は「窮鳥懐に入れば猟師も殺さず」（追い詰められて逃げ場を失った人が救いを求めて来れば見殺しにするわけにはいかない「広辞苑」）を基にしている。球鳥すなわち琉球、猟師は唐人すなわち清国を意味する。

■グラントの言葉

琉球問題は国際問題化している。折から世界漫遊中であった第一八代米国大統領グラント将軍は、明治一二年七月に来日した。清国の李鴻章（一八二三～一九〇一年）からあっせんを依頼されていた琉球問題について伊藤博文、西郷従道と会談している。グラントが「琉球問題に関心を持つようになったのは、日清両国に対する優しい感情から出ていた」（「グラント将軍日本訪問記」雄松堂、一二四ページ）という。

図1-19　脱清（「我楽多珍報」第16号　1879年6月6日号）
＝明治新聞雑誌文庫所蔵

この日本訪問記の著者ジョン・ラッセル・ヤングは「戦争になれば、そこから利益を得るのは列強である。

欧州列強の政策は、他の国の例にたがわず、日本や清国を保護領にすることにあった」と記している。そしてグラントのつぎの言葉を紹介する。

「貴国の弱さと日清両国のけんかが、列強につけ入るすきを与えているのです。琉球問題は非友好的な外交にとって、嘴を入れる願ってもない機会であります」（同一二五ページ）。

これに対して伊藤博文は日本の立場のみを主張するだけであった。

「蜻蛉と豚の喧嘩飴屋仲裁に入る図」（図1-20）はグラントの仲裁を描く。画面中央の両腕を横に伸ばす男はその右側に「亜米」の立て札があることでグラント将軍だとわかる。腕まくりしている弁髪の豚は清国である。右端の泣いているとっくりは「淡盛」と貼られているところから琉球国、左端のワシはロシアである。この頃、清国とロシアは「伊犂」地方の帰属をめぐって紛争状態にあった。ワシはその鋭い爪で豚の背をわしづかみにしようとしている。

時あたかも、琉球国三分割案と分島改約案が浮上、「琉球分割の危機に直面した清国内の琉球人たちは条約調印阻止に立ちあがった」（西里喜行「沖縄県の歴史」二三八ページ）。琉球国を併合した日本政府は、経済的

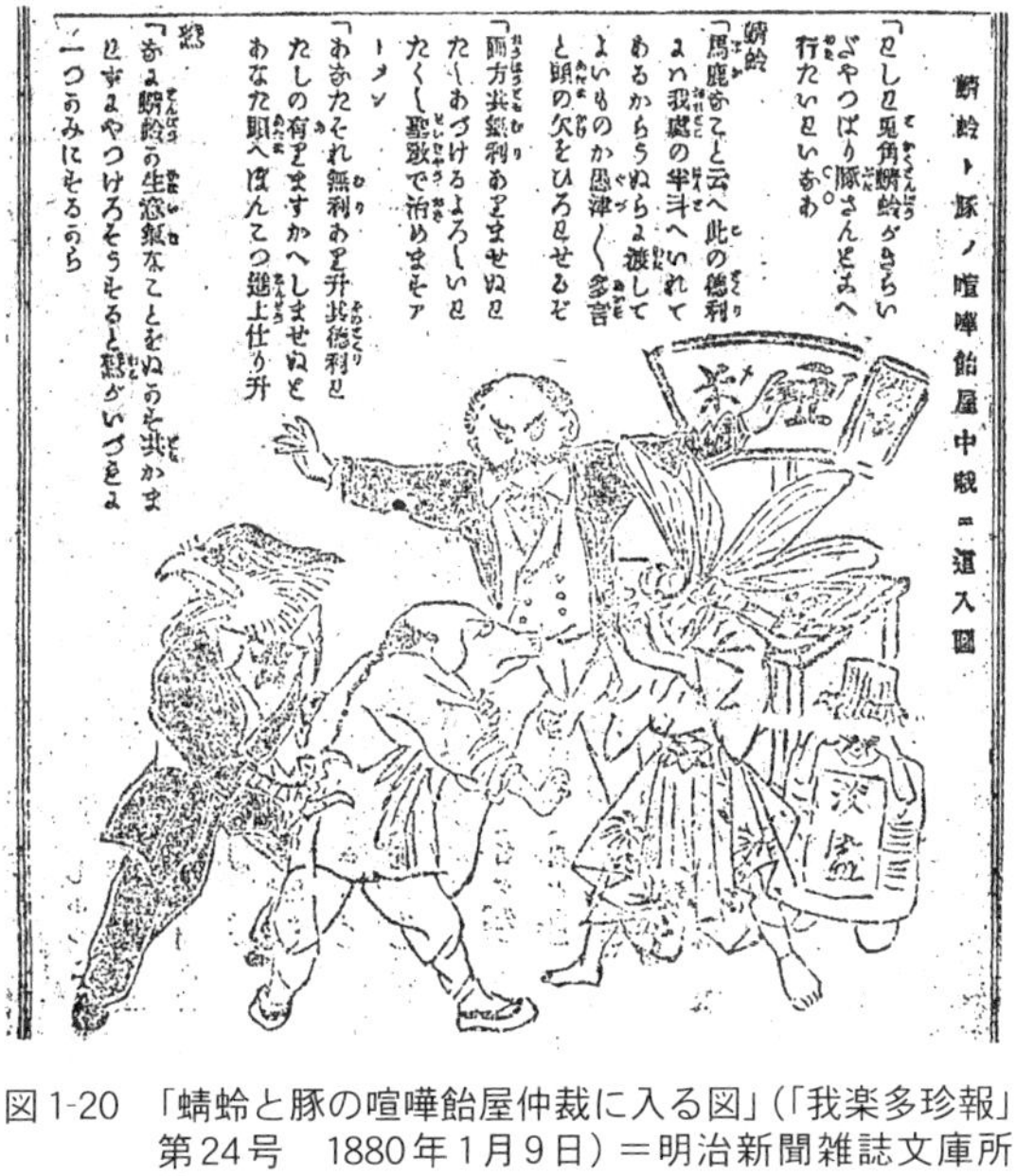

図1-20　「蜻蛉と豚の喧嘩飴屋仲裁に入る図」（「我楽多珍報」第24号　1880年1月9日）＝明治新聞雑誌文庫所蔵

利権を確保するために宮古・八重山を清国に割譲する挙に出たのである。しかし、この条約案は成立する事はなかった。

十五　尚泰王の長男尚典は徴兵忌避

一九〇四（明治三七）年二月、日本とロシアは相互に宣戦布告する。日露戦争である。開戦約半年後の七月二三日、琉球新報で「通俗征露軍記」の連載が始まる。翌一九〇五年五月二五日まで、一二四回連載された。社告に「改良講談を以て有名なる松林伯知の講演にして弊社東京支局に於いて速記せしめたるものなり」と報じている。

図1-21は、連載一回目の挿画である。作画者は明らかではない。この風刺画は本文の内容とは直接かかわりがない。ただ戦意高揚の気分は濃厚である。この時期、戦争の動向はまだ分からない。軍装の男はクールで威厳に満ちている。左手に掲げるのは軍旗の旭日旗である。

軍人は片刃の軍刀でワシの首をはねている。通常ロシアは熊で表象されるが、ここではロシアの国章である双頭のワシからの

図1-21　「鷲を切る日本」
（「琉球新報」1904年7月23日）

イメージである。切り口からは血が滴っている。切断されたくちばしや眼光は鋭い。恐らくはロシア上空である。

日本の軍人や軍旗を大きく、ワシを小さく描いているのには理由がある。大国ロシアに挑む小国日本の国勢の弱さを払拭《ふっしょく》する必要があった。本文に「上に叡聖文武なる大元帥閣下を戴き、下に忠勇武烈なる海陸軍人を有して、世界無比なる大和魂があるから必勝の目算がある」という。大和魂を強調する背景には、日清戦争に勝利した安心感がある。

日露戦争での沖縄の出征兵士の数は約二千人、約一割が戦死している(田港朝和、徴兵令の実施と県民の対応、「沖縄県史I　通史」)。なお、沖縄で徴兵令が敷かれる前の「一八九〇年に沖縄からはじめて陸軍教導団に志願入団した一〇人の青年たちがあった」(同)という。

彼らは、沖縄社会から非難を浴びせられることになる。「国民意識がまだ一般に浸透していなかった当時にあって、軍事方面へ進んで日本臣民としての資格を得ようとした彼らは異端者であった」(田港、同)からである。しかし日清戦争で日本が勝利して以後、沖縄の民心は軍事に対し肯定的に変化していた。沖縄で一八九八(明治三一)年徴兵制が施行されると、「沖縄県民もこれでやっと皇国臣民の仲間入りができると、新聞人、教育者、その他沖縄の指導的立場にあった人びとはよろこび、徴兵制の実施普及につとめた」(田港、同)らしい。しかし徴兵忌避者が続出した。徴兵のがれのために自ら肉体的欠陥を作る者や清国へ亡命(脱清)する者がいた。

沖縄県人で最初の徴兵適齢者は、琉球国最後の国王尚泰の長男で、廃藩置県に伴い東京に移住させられていた尚典（一八六四〜一九二〇年）である。上京したのが一五歳、一八八四（明治一七）年には二〇歳となり徴兵適齢となった。東京では徴兵令が布告されていたのである。

「徴兵適齢」（図1-22）は徴兵適齢に達した尚典を描く。戦争のイメージが満載である。胸には「兵」の名印、右肩に鉄砲をかけ、背負った傘の先には「揚武」のちょうちんを提げている。加えて頭に琉球士族のハチマチを巻いている。

長いキセルを持ち、腰には水差しをぶら下げ、戦場には向かない履物をはいている。このちぐはぐさは何だろう。この格好から「日本人でもなし、朝鮮人でもなし支那人でもなかろう」と詞書にある。では何者なのか。「余程背中に力のある人種と思われる」としつつ、「おもいおもいの扮装もあるものなり」としている。この「おもいおもい」は心の思うまま自由に、と「重い思い」が隠されている。描かれた人物は確かに特異な装束であり、多くの荷物を持っているので重いのである。「余程背中に力のある人種」とあるが、この人種は琉球人であろう。

徴兵適齢となった尚典は「徴兵御免願」を宮内卿伊藤博文宛てに提出し許可されている。御免理由はつぎの通りである。

「本年度徴兵適齢ニ御座候所未夕言語不相分風俗習慣致サス迚モ服役仕兼甚當惑仕候」（県立図書館蔵史料より。意訳「本年度徴兵適齢になりましたがいまだ日本語が理解できず日本風俗にもなじみがないので兵役に就くのは困難でございます」）

尚典は日本語や日本の風俗習慣を理由に「日本と」同化することを拒んだのである。これは同時に公然とした徴兵忌避でもあった。

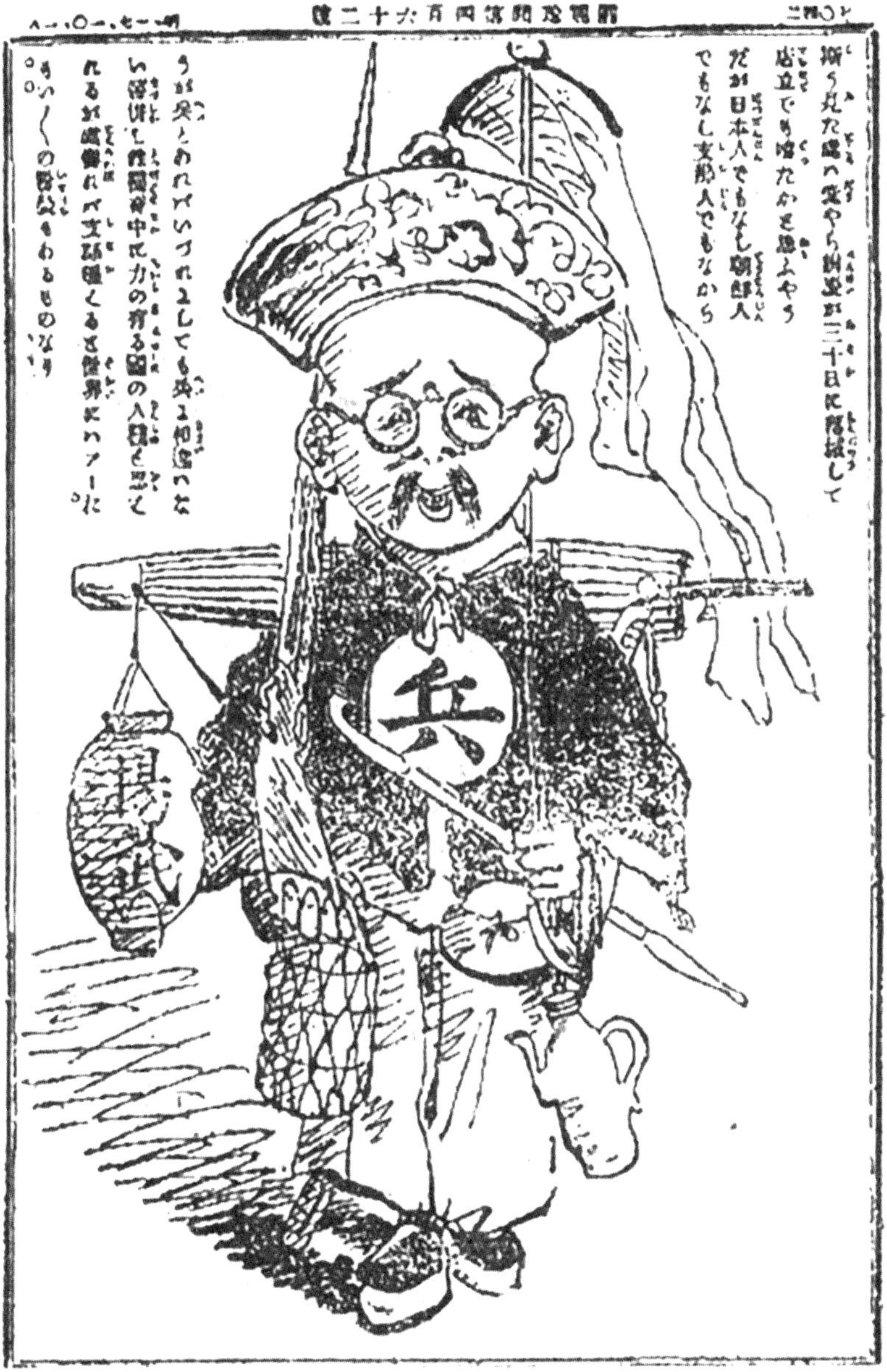

図 1-22　「徴兵適齢」(「団々珍聞」1884年10月18日)＝明治新聞雑誌文庫所蔵

参考・引用文献

安里進等　二〇〇四『沖縄県の歴史』山川出版
福澤諭吉　一九七二『福澤諭吉全集』第一七巻
白　春　岩　二〇一一「一八七四年の台湾出兵と清国の対応」『社学研論集』第一七巻　pp.八六―一〇一
嘉手納町史編纂委員会（編）　一九六六『嘉手納町史』第三巻　嘉手納町教育委員会
真境名安興　一九九三『真境名安興全集』第二巻　琉球新報社
大阪毎日新聞社（編）　一九五五『十大先覚記者傳《でん》』大阪毎日新聞社
又吉盛清　一九七〇『日本植民地下の台湾と沖縄』沖縄あき書房
後多田敦　二〇一〇『琉球救国運動』　出版舎Mugen
戴　國　煇　一九九一『台湾』岩波書店
『東京日日新聞』一八七四年八月
『有喜世新聞』一八七九年一月三日
ヤング・J・R（宮永孝訳）　一九八三『グラント将軍日本訪問記』雄松堂

第二章　「琉球処分」のイメージ

第一節　「琉球処分」のイメージ

本章の目的は、いわゆる「琉球処分」に関する諷刺画を用いて、琉球所属問題がどのように表現されたか、また図絵でもってどのように琉球を描いたか、当時の日本人一般市井の人々の琉球観について検討する事である。併せて、「琉球処分」という歴史の問題へ迫りたいと考え、諷刺画の解読にあたって「事件」がどう読み込まれているか、を検討したものである。

日・清の琉球所属を巡る国際問題は、日本をトンボまたは鯰で図像化し、琉球を、二本差しの簪、芋、畳表あるいは泡盛で、清国を辮髪（べんぱつ）、あるいは豚で侮辱的に代表させる手法で諷刺されている。日本人の手になるこれらの風刺画は、時に日本国粋主義の意図が見え隠れしている。

はじめに

明治初期の、一般市井の人々の琉球観はどんなであったろうか。鎖国下の江戸時代を通じて、おそらく「江戸上り琉球使節」に関わる「琉球人行列」の実見や、関連図録、錦絵の類で琉球観は形成されたであろう。『江戸期琉球物資料集覧』（一九八一）を見ると、かれらの琉球の形象が奈辺にあったかが推察できる。

幕末の開国や、明治維新後の交通から考えて、庶民レベルの日琉交渉は頻繁で無いので琉球の地に足を運んで、その姿を見、印象を形成する機会は少なかったはずである。「今般琉球藩へ郵便の線路を開かれ、当明治七年一月より一年六回の郵便蒸気船航海を創業せられ、従って上下の便益を起こす大なりと云ふべし」と『郵便報知』が報じている。

とすると、琉球観はマスコミ情報、文字情報と共に、とりわけ写真のいまだ一般化していない当時にあって「図絵・画報」的な媒体で伝達される情報に接して形成された可能性が高い。とくに庶民レベルにおいてこのことは確からしく考えられる。

明治初期、東京を中心とした市井の人々の琉球観形成において「琉球処分図絵」とも呼ぶべき一群の諷刺画の存在を見逃す訳にはいかない。それらは、当時の政府や権力者を皮肉った軽いノリの雑誌に掲載されたものである。とりわけ、『於東京繪團團珍聞』（おどけえ　まるまるちんぶん、と読む、以下『団々珍聞』と略記する）はその創刊号より「琉球所属問題」に関心をよせ、数多の諷刺画を掲載している。これらの諷刺画は、「琉球処分」問題を通して当時の琉球イメージを提示しているもの、と考えられる。

一　「琉球処分」の時期

「琉球処分」とは何であったか、色々な評価がある様である（田港、一九八〇参照）。

金城正篤（一九七六）は、「琉球処分」における「民族統一」の視点からのいくつかの主張を紹介しながら、井上清の説を引き、次の様な結論を下している。

「琉球処分」は、いうところの「民族統一」の原理に添ったものとはいえず、むしろ、民族統一への主体的・客観的諸条件未成熟な段階で、政治的・国家的な併合という形で強行され、逆に、日本と沖縄の自然な民族的結合が政策的に阻害された一面があったことも指摘されなくてはならない（五九頁）。

太田昌秀（一九八〇）は、「琉球処分」が日本による「琉球併合」であると主張している。さらに、「琉球処分」後しばらく旧慣温存策が採られた理由を、琉球の国際的地位が確定されなかったからだ、と述べている。

琉球の日本領有は、廃藩置県で確定したのではない。廃藩置県（明治一二年）は、日本の一方的な琉球合併であって、琉球問題をめぐる清国との紛争が解決されないかぎり、国際的な琉球の地位は確定しなかったのである。（三九頁）

沖縄に対する旧慣制温存策は、沖縄の地位が国際的に確定するまでの、「状況待ち」の方針から出たものとみてよい。日清戦争で勝利し、下関条約で台湾まで版図にいれると、明治政府は、矢継ぎ早に「沖縄県」に一体化の施策をすすめ、那覇の築港も明治二六年から着手された。（四一頁）

金城（一九七六）は、琉球処分の時期を、明治五年の「琉球藩」の設置から、「分島問題」の発生とその挫折（明治一三年）の間としている。しかし「琉球処分」を明治政府による「琉球併合」とする視点を採れば、終期を下関条約締結（日清講和条約、明治二八年）とするのが適当であろう。ここではこの立場を採る。もっとゆるく考えれば、旧慣温存策の変革に至る期間としてよいかも知れない。

二　アジア対列強

琉球処分の頃のアジアをめぐる国際情勢は「娘一人に聟八人」（図2-1）に伺うことができる。清国、日本、琉球をめぐる、ヨーロッパ・アジア列強の縮図である。

国名を整理する。

乳母おしな：（支那）清
大和や娘阿国：大和＝日本
弟琉吉：琉球
しだし英吉：イギリス
商社頭衆助：アメリカ
北野露四右衛門：ロシア
藪醫花蘭：オランダ
船頭伊須八：スペイン
酒屋伊丹利：イタリヤ
ホリモノシ彫藤：ポルトガル
佛師張造：フランス

清は日本に対して、列強側と安

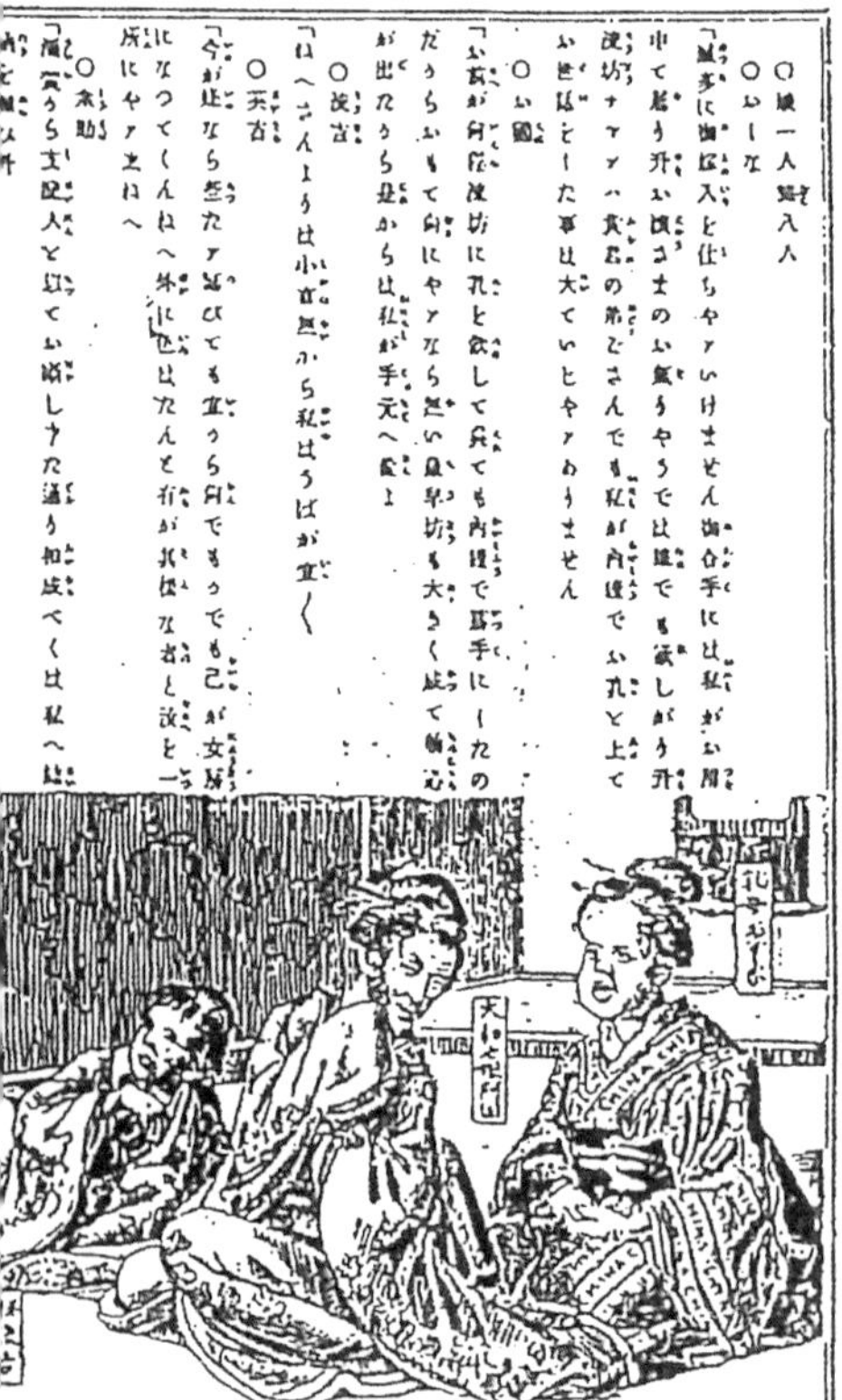

団々珍聞』明治10年5月26日号）

易な同盟を結ばない様にアドバイスしつつ、琉球の面倒を見たのが清国である事をアピールする。一方日本は、琉球を領有する事を宣言する。琉球側は清国につくことを意思表示している。

娘一人の「娘」とは日本を表す。図では「大和や娘阿国」とされている。その娘を列強のイギリスやアメリカ、ロシア等が狙っている。「乳母おしな」こと清国は日本にアドバイスする。つぎに意訳して掲げる。

「滅多にお嫁入り、しちゃいけません、お相手には私がおつき申しております。おじょう様のご器量なら誰でもが欲しがります。琉坊チャン（琉球）は貴方（日本）の弟さんですが、私が内緒でお乳をあげてお世話しました。もう並大抵のことではありませんでしたよ」

中国は琉球に対する権利を主張している。

日本（大和や娘阿国）は次のように主張する。

「お前がいくら琉坊に乳を飲まして呉れても内緒で勝手にしたのだから表向きにゃなら無い。最早坊も大きくなって物心が出たから是からは私が手元に置くよ」

一方琉吉（琉球）は「ねへさん（日本）よりは小言《しから》無いから私はうば（中国）が宜い」とする。

ここには三者の主張が交錯している。清国は「お乳をあげて」と琉球を庇護したことを述べ、「手元へ置く

図2-1 「娘一人に聟八人

よ」と日本は琉球の領有を宣言し。琉球は「うばが宜」と清国に親和性が高い。

列強の主張はほぼつぎのとおり。

イギリス（英吉）：今すぐでなくてよい。

アメリカ（衆助）：相なるべく私へ結納を、浦賀の縁がある。

ロシア（路四右衛門）：隣国の近さがある。

オランダ（花蘭）：長崎以来古い付き合いだ。

フランス（張造）：かつてロシアからの嫁取りのごたごたがあった。

「獅子が蜻蛉を蹂躙する」（図2-2）は、英国人商人ハルトレーにアヘン密輸事件に絡んで、横浜英国領事裁判所が無罪判決を下したのを諷刺したものである。対英不平等条約ゆえに切歯扼腕しつつも、無念泣き寝入りの態である。

図のライオンはイギリス、トンボは日本である。ライオンを大きく描写し、その横暴ぶりを強調している。左手の水平帽にはENGLISHの字が認められる。

図2-2　「獅子が蜻蛉を蹂躙する」（『団々珍聞』明治11年6月1日号）

三　日琉の小競り合い

台湾出兵をめぐる清国との交渉の結果、日本は琉球が日本の版図であるとの、清国からの言質をとることに成功した。これを承けて明治政府は、琉球高官を上京せしめて概ねつぎのような指示を下した（明治八年）。

（一）台湾出兵に対する謝恩使を上京させること
（二）清国との関係を断つ事
（三）鎮台分営設置（軍隊の駐屯地の設置）

琉球にとってどうてい受け入れ難いものであった。

明治政府は台湾出兵後の、対清国政策について、お雇い外国人の法律顧問・仏人ボアソナードに研究させている。ボアソナードは「洋才和魂の法学者」（手塚、一九四三、一六頁）と評されたほど日本の国益を優先して考えた人物であった。彼は三つの問題を設定する。

（一）琉球に権益を拡張する方法
（二）琉球の風俗、習慣、国王を寛優に取り扱い、上記の目的を達する方法
（三）福州の琉球館、清国への進貢、冊封への対処方法

（一）については、琉球王国の半独立状態は明治維新および、台湾遠征とそれに関わる条約によって変化した、とし、琉球王が台湾生蕃討伐を日本政府に求めたのだから、日本は琉球に主権があるとした。

（二）については、多岐にわたっているが、多少の独立を許す事、琉球王に人事権を留保する事、刑法の改訂、社会資本の充実、年貢は租税に改める、日本政府の琉球に与えた保護について謝辞および敬礼をさせる事、外交権は認めない事、などが建議されている。

（三）琉球と支那との間の交際関係を廃止する、交際関係の中身は、進貢、福州の公館、慶賀使の派遣が列挙され、封冊使の請来は記されていない。なお、進貢、福州の公館の廃止については琉球王にすぐ命じるので無くまず清国と談合すべきことを説いている。（平塚、一九二九参照）

明治八年三月一七日付になっている。これが向後の琉球問題の対処シナリオになったようである。琉球問題が所属問題であってみれば、第三点目のシナリオが大きくものを言う。すなわち琉球と清国との関係を断ち切る事である。

明治政府は一八七五（明治八）年に松田道之を渡琉させ命の履行を迫るが、琉球側は言を左右して肯じない。天皇の威信を揺るがす事態である。松田の一回目の奉使は失敗に終わる。

『團團珍聞《まるまるちんぶん》』掲載の「豚の背に乗る亀の子」（図2-3）は右の事情を風刺する。画中、右の男性は松田道之である。文明開化中の日本人として断髪し、洋服を身に着け靴を履いている。男は右手で何やら書類らしきものを亀に差し出している。

左寄りに豚が描かれている。当時の日本人にとって豚は中国を象徴する動物である。この時の清国皇帝は光緒帝（在位一八七五～一九〇八年）である。父親の同治帝が夭折《ようせつ》した後を受けて即位したのが三歳であった。実権は彼を擁立した伯母の西太后が握っていた。

豚にまたがり尻尾にしがみついている亀は簪《かんざし》を二本挿している。この亀は琉球を象徴する。琉球は竜宮を含意する。浦島太郎は亀に乗り竜宮に招かれる。亀は甲羅から首を出している。甲羅に清国元号「光緒」が見え隠れしている。光緒の甲羅に守られる琉球は清国元号を抜け出す意志がない。清国との「朝貢―冊封」関係を固く守ろうとしている。この年号の中に安住しようとの意図が明らかである。

亀はのろまで頑固といった連想を呼び起こす。したがって琉球の頑固さを暗示する。一方、そうはさせじと松田は亀の首に縄掛けて引っ張っているのである。この風刺画の主題は、琉球が清国との「朝貢―冊封」関係を守り抜こうとしていることの強調である。

天子（天皇）の下した暦を用いることはその権威に服することである。支配者は「時間」を支配する。具体的には年号として具体化される。暦は全ての国民の生活に浸透し、生活を縛る。年号は誰が支配者であるかを国民に迫る。つまり、清国の正朔（年号）を奉ずるのは清国皇帝の治世に服することである。しかるに琉球

図2-3　「豚の背に乗る亀の子」（『団々珍聞』明治11年1月26日号）

国は明治年号ではなく光緒年号を用い続けることを望んだ。これは天皇支配への不服従を意味する。明治政府からすれば許されざることである。天皇の権威は失墜し、秩序が保てなくなる虞《おそれ》がある。

詞書を見ると、男は「朝鮮まげの古風よりお前のかんざしのさし風にほれ込んだのだ」「飽くまでにほんぼうだサア金もなにもやるから」（変体仮名は書き換えた、以下同じ）と亀に言い寄っている。「にほんぼう」とは二本差しの簪すなわち琉球国である。さらに「外宅を仕廻て内へ呼び家族にする」と呼びかけている。「家族にする」は琉球併合をにおわせている。「家族」は「華族」の意味合いもある。尚泰王は華族に叙されている。

亀は「お前はんは早のみ込みの移り気だから」と男を牽制《けんせい》する。「早のみ込み」とは「琉球は日本の領土である」としていることである。「移り気」とは征韓の企図、台湾出兵、続いて琉球に触手を伸ばす日本の政治への当て擦りである。亀は日本に対して「是迄お世話になったから」と一応日本の恩顧を否定しない。明治政府は「琉球藩内融通の為」貨幣や紙幣を取り交ぜて三万円を下賜していた（一八七二年九月）。また琉球藩の負債二〇万円を肩代わりしている（同年一〇月）。画中の男の持つ書類らしきものはこれらの金品であると解釈できよう。

豚は言う「彼二本ぼうめが強持で引きずり込み好きな痴言を言って居らア」（意訳：日本人め手前勝手をいっているぜ）と。

松田道之はこの後二度渡琉し一八七九（明治一二）年に三度目は処分官として琉球藩（琉球国）を屈服させることになる。

明治政府の使臣は松田道之である。天皇つまりは明治政府の通達を琉球側に達するが、琉球側は言を左右して承らない。したがって、「琉球処分」とあいなるわけである。「新春松の場」（図2-4）は、日・琉・清そして英米等の列強の思惑が交錯する。

「新春松の場」は芝居の一場を描写する。松の幹と松葉は、松田道之を表す。これでこの一場が琉球処分を主題にしていることが表意される。かくて画面右手の人物は松田道之である。なによりも和服を着用している。着物の柄は松葉に田んぼマーク、そのものずばり「松田」である。松田道之。頭髪は断髪の態であり文明開化した新政府をイメージさせる。右手のサーベル剣らしきものは武力、すなわち明治政府の威光を象徴する。右隅の書籍の上には地球儀が配される。ここにも世界に開かれた日本がある。地球儀の下には「両国志」の史料が置かれる。「両」とは日本と清国であろう。琉球の両属を表象する。「両」は、あるいは「南」かもしれない。だとすれば「南国志」であり、琉球そのものということになる。その左は「大日本使」とされる。むろん、水戸光圀の「大日本史」をイメージさせながら「使」の字は天皇の使い・松田道之を表徴する。前庭には菊花と蜻蛉。これは日本のイメージである。中央の女性は琉装で、流れの柄と、竜宮城、で琉球を

図2-4　「新春松の場」（『我楽多珍報』第3号　明治12年1月31日）＝明治新聞雑誌文庫所蔵

表す。そして三角旗すなわち清国の表徴である図柄の衣服の着用から琉球が清国に通じていることを表示する。この女性は密かに文を木戸外の男に手渡そうとしている。外の男は着衣扮装から清人である事がわかる。この時期、日本在住の清国人で高位高官は何如璋である。清国人の後ろ、石燈篭の陰に潜むものは欧米列強であろう。彼らはアジアの内紛を窺っていた。

図の詞書を読む。表記は現代風に改めた。適宜句読点を付した。

松田　聞きしに違わずお琉こそ品次に心を寄するとナァ。この上は引とらえて、まったく心に従わせ品次の念を断させん。ウヌ、道之（どうじ）るか不届奴。

琉球　表ばかりは添い寝をすれど、私の嫌なアノ扶桑次。かわらぬ殿御は品次さん。必ず替わって下さんすな。とはいえ、今度の返事には、私、心ならぬわいな。いい知恵出して下さんヤア。

清国　吹けば蜻蛉のあの扶桑次。真逆の時は聊かの金で頬張る工夫もある。お主はどうでも曖昧に返答しておくがよい。

列強　忍び聞くとは白化けの東洋連の腰抜けめら、そこらあたりでゴタゴタせよ。儲けはわし等がしめこの兎だ、ペケペケ。

文中、お琉は琉球、品次は支那すなわち清国、道之＝松田道之、扶桑次＝扶桑すなわち日本、蜻蛉も日本を表す。何重にもヴァリエーションを示しながら日本を表示する。

大意を記せばこのようになろう。すなわち、日本は、琉球を確実に版図化したい。琉球は表向きは日本に屈服している様に見せかけているが、本心は清国への帰属を願っている。大国清国からすれば日本など吹けば飛ぶような蜻蛉に過ぎない。時には金さえ出せば決着するだろう。「曖昧な返事」をアドバイスする。琉球は松田のもたらした通達に曖昧な返事、ぬらりくらりの返事を繰り返すばかり。松田もそろそろウンザリしてきている。

四　密書事件

琉球藩に封じられた琉球王国は、外交権を取り上げられてしまった。明治政府は、琉球藩の清国への進貢と慶賀使の派遣、冊封使の請来を禁じた。つまり、清国との外交は差し止められたのである。むろん、琉球側は従来通りの政策を継続する意思を「嘆願」という形で示したが、容れられなかった。数度の嘆願も奏功せず、窮余の策が国際世論への訴えであったのだ。

「密書事件」（図2-5）は、在京中の琉球の親方らが外国公使に訴え、琉球所属問題の国際問題化を計った事件の諷刺である。この結果、明治政府は東京駐在の琉球高官たちの退去命令を下した。この間の事情を比嘉

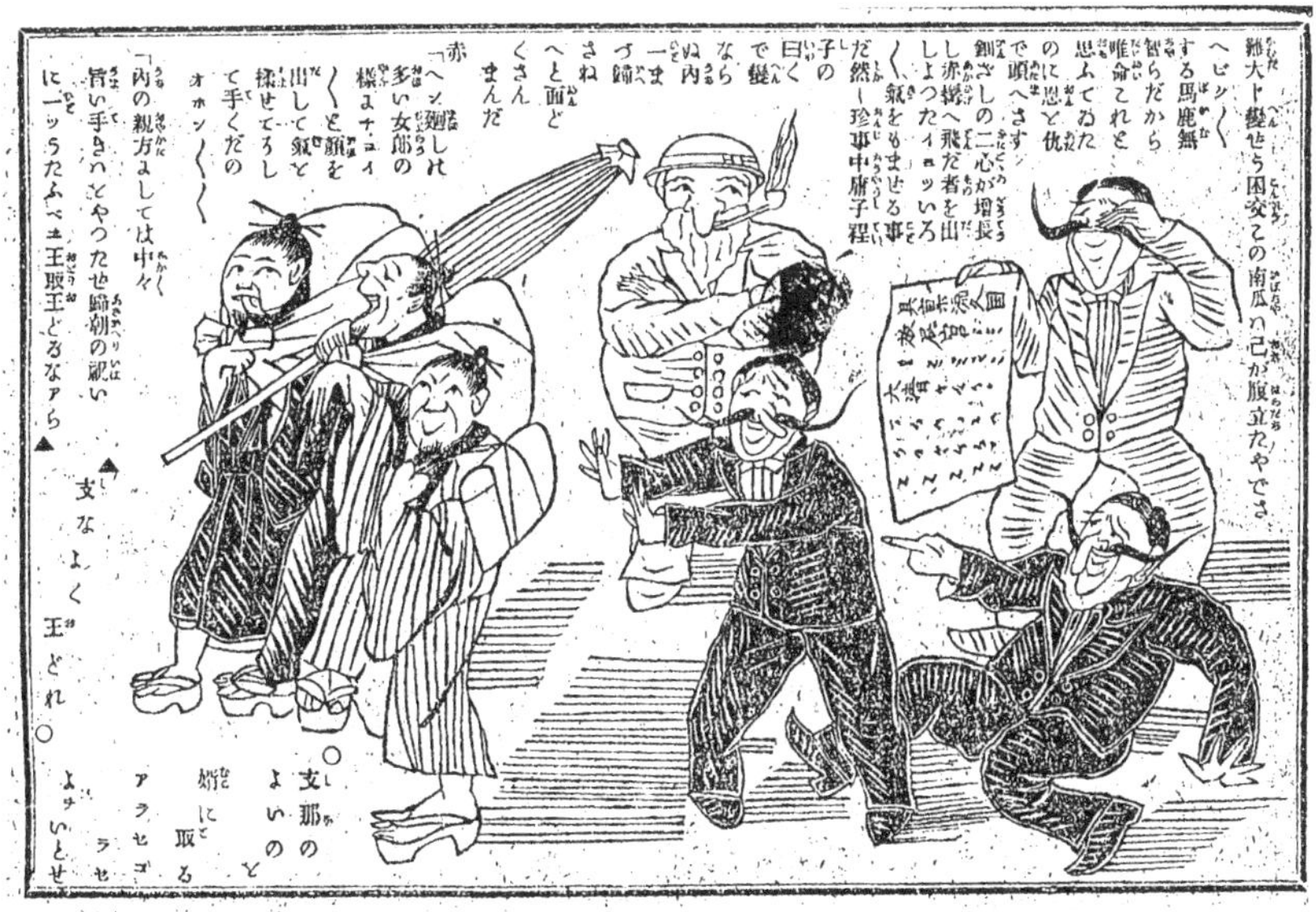

図2-5　「密書事件」（『妙妙雑俎』明治12年1月17日号）＝明治新聞雑誌文庫所蔵

（一九七一a）の引用で示す。

池城親方が死んで（明治一〇年四月＝引用者注）、与那原親方が後をついで東京駐在となってから琉球藩吏は、相かわらず政府に対し嘆願を繰り返し、且つ清国公使館と連絡しつつ運動をつづけ、一八七八年に入って、何如璋の示唆によって米仏蘭公使に密書を送り、事情を訴えて応援を乞うた。仏蘭公使は之を拒絶したが、米公使ビンハムは本国に報告してその指揮を仰ぐべき事を表明した。これで事件はようやく国際問題化しようとするに至った。（三八八頁）

図の左側の琉装の人物たちに注目されたい。当時の日本人の琉球人像である。二本挿しの簪、足駄ばき、一際目立つのは傘である。江戸上りの「琉球人行列図」（図2-6）に必ず描写された涼傘である。涼傘（日傘）とともに異国風を象徴するものである。いわば唐傘（からかさ）である。傘の柄は異様な長さが特徴である。

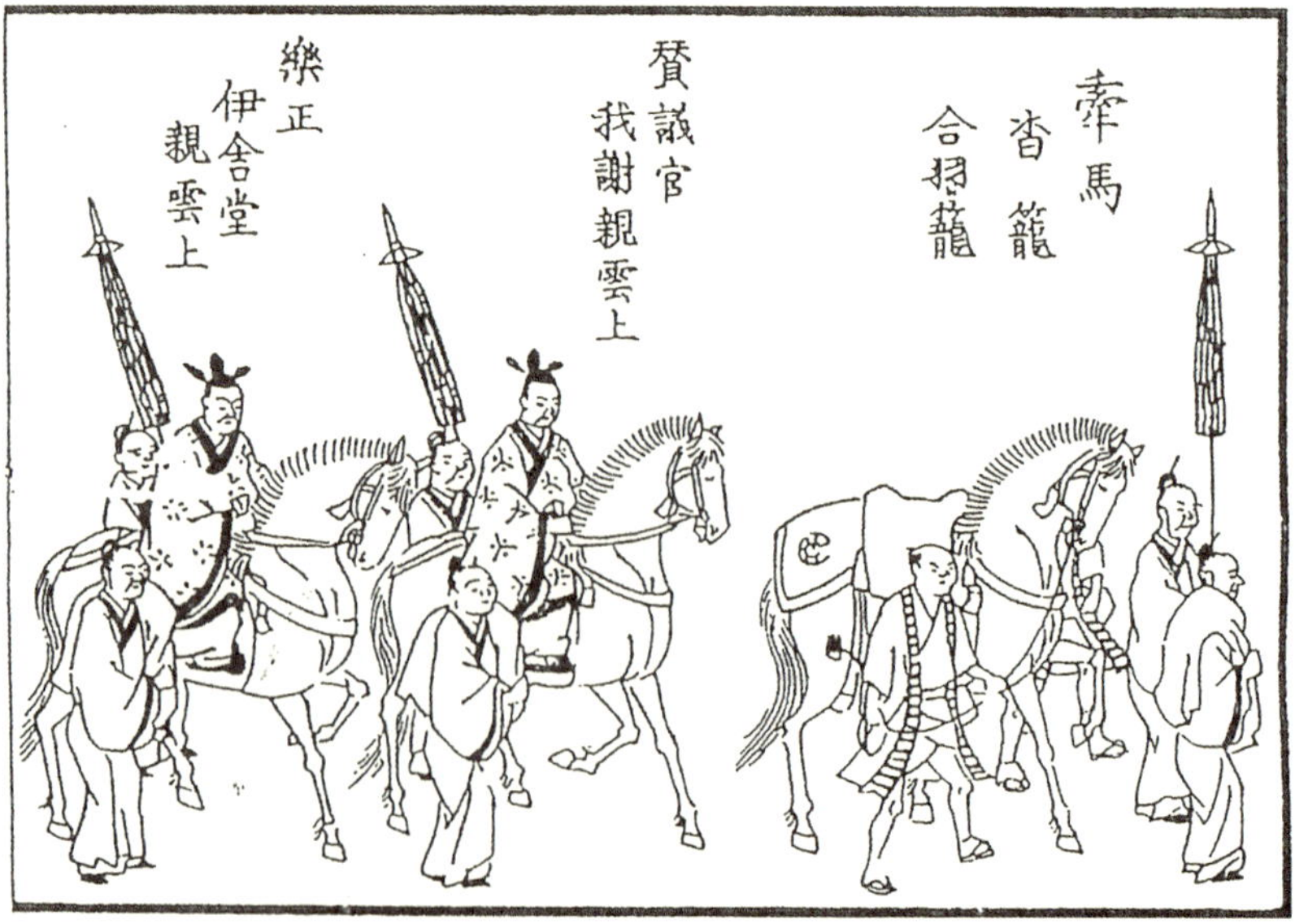

図2-6　「江戸上り行列」（『琉球解語』嘉永３年、『江戸期琉球物資料集覧』より）

左端の人物はベロを出し、中の人物は呵々大笑し、その隣はどうやら踊っている様だ。琉球人の得意の図である。イヤサッサ、ハーイヤー。彼らはおそらく与那原親方、富川親方、浦添親方である。彼らの心に日本はない、清国あるのみ。詞書に「品よく踊れ（支なよく王どれ＝清国との関係は断ち難い）」と謳っている。日本所属への忌避が明らかである。彼らは日本退去を命じられ、帰藩ののち富川親方こと富川盛奎は、琉球を脱出、清国にわたり琉球救国を訴えた、いわゆる脱清である（比屋根、一九七八、六五頁）。

図2-5の三人を見ると、親方（ウェーカタ）親雲上（ペーチン）らしくないファッションがその時代の琉球認識の特徴をよく表しているようで微笑ましい。

一方、右端のドジョウヒゲの慌てふためく三人は明治政府の高級官僚である。おそらく三条実美、伊藤博文（大久保利通が刺殺された後を受けた）、そして松田道之であろう。右手に書状を持ち左手は目頭を押さえている。この書状こそアメリカ公使への訴状である。一人は尻餅をつき、一人は両手を伸ばして思い止まらせようと必死の形相である。

白服の男が手にしている文章は米仏蘭の公館に届けられた密書である。書き出しの「具稟流久国放屁官」は「具稟琉球国法司官」のもじりである。からかいの気分が漲《みなぎ》っている。「具稟」は「ぐひん」と読み「申請」とか「出願」の義がある（諸橋轍次『大漢和辞典』）。

具稟書の当事者は三司官の毛鳳来と馬兼才である。

詞書「恩を仇で返す鈿の二心が増長し赤髯へ飛んだものを出しよった。」と悔しがっているのだが、琉球所属問題が国際問題化するのを極力恐れていたのである。「恩」とは、琉球人が台湾に漂着して、殺害されたのを、台湾出兵してこれを「征伐」した事を指す。琉球側が事を穏便に収めようとしたのに、無理やり事を荒だて、琉球が日本に所属する旨を主張するパフォーマンスであった。使った戦費は七八〇万円、清国から得た賠償金は五〇万円であった。近代日本最初の海外派兵であった。明治七年のことである。

ところで、琉球からの斡旋依頼を受けた赤髯は様子伺いばかりで積極的な支援をしていない。フランスとオランダは拒否し、アメリカは図の中央に見る様にパイプをくわえ腕組みして静観の構えである。

この事件の発覚後『朝野《ちょうや》新聞』（一八七九年二月一〇日）はオランダ公使宛と思料される琉球高官の密書を掲載した（本書第五章図5-1参照のこと）。密書の内容を意訳（私訳）する。

申し上げます。われら琉球法司官の毛鳳來、馬兼才らは弱小国琉球の危急存亡の秋にあたり、かつて条約を締結させていただいております大国様の憐れみを賜りたく、お願い申し上げます。琉球は小国といえども大明国の洪武五年（すなわち一三七二年）に入貢し、永楽二年（一三九九年）武寧王が大明国より冊封を受けて中山王になって以来、今日に至っております。大明国様の外藩に列なり、中国年号、文字を使用してきました。琉球国内の政治は自治を許されております。

大清国以来二年一貢を許され、大皇帝様の代替わり時には慶賀の礼を尽くしました。また、我が小琉球国王の代替わりにつき封典を乞うた場合には、使臣を遣わし嗣王を冊封し中山王とされました。また、陪臣の子弟を召して国子監にて学問を修めさせました。さらに、海が荒れ遭難した場合には飲食、船修理等の救援を施し、回国せしめました。中国様の外藩に列なって以来、このことは恙なく五〇〇年余続いております。

一八五七年に貴大オランダ国様が來琉なされ交易し、また、条約を締結させていただきました。条約文中には漢文および大清国様の年号を用いました。その後、大アメリカ国様、大フランス国様とも同様に条約を結びました。

日本とは、かつての薩摩藩と往来がありましたが、日本国は既に薩摩藩を廃しているが、一八七二年（明治五年）、琉球国使臣を東京に呼び寄せ、我が国主を冊封して藩王とし、華族に組み入れ、事案は外務省扱いとした。大オランダ国様、大アメリカ国様、大フランス国様と交わした条約文書原文を外務省に移送せしめた上、一八七四年、琉球事案は内務省の管轄にしている。一八七五年には清国への進貢すること、冊封を受けることを直ちに停止することを宣し、明治年号を使用すること、日本の法令に従うこと、政治改革を断行することを強要している。

我が国はこの無体な取り扱いをやめるよう泣訴したが容れられずして、弱小国ゆえ如何ともしがたい状況です。

思いますに、我が国は小なりと言えども確かに一国を成し、尊くも大清国様の年号を使用させていただいており、大清国様の天恩高厚で自治を許されております。しかし、日本国は中国様との断絶を強要しております。

我が国は、大フランス国様との条約文書では、大清国様の年号・文字を用いております。もし、従来通り、進貢、冊封の儀が行えなくなりますと、琉球国が結んだ条約は反故同然となり、その存立は危うくなり、大オランダ国様、大フランス国様、大アメリカ国様の不興を買うことにもあいなり、大清国様に顔向けができなくなることを恐れるものです。

大オランダ国様には、いかにもちっぽけな琉球国を打ち捨てることなく、一国として条約を締結してくださりそのご厚情は感謝に堪えません。

今日琉球国は存亡の危機にあり、大国様が日本国に対し琉球国を従来通りに措置するよう働きかけられることに縋るほかございません。大清国様、大フランス国様にも請願をいたし、ご温情を賜りたくお願い申し上げます。

この密書は①中国と琉球は冊封―進貢関係があること、②琉球はオランダ、フランス、アメリカと条約を締結していること、③条約文書は中国年号および漢字で作成されていること、④日本国が琉球国王を藩王に冊封し、華族に列したこと、⑤日本国は琉球の中国との断絶を強要していること、⑥琉球国の存立することを述べ支援を要請している。

朝野新聞は密書を掲載した上、「琉奴可討」と琉球（藩）の忘恩の振る舞いを激烈に論難している。次にその一部を引用する（漢字、カタカナは書き改め、句読点を追加した）。

《甚だしい哉琉奴の我が日本帝国を蔑視するや、甚だしい哉琉奴の支那国に敬慕するや。我が厚遇を忘れ我が親挙に背き斯くの如き無体不敬の文章を作為し、之を外人に捧げ、なお観然として我が東京に駐在す。我が政府仁慈天の如きも何ぞ之を寛容すべけんや。急にその人を放逐し直ちに使臣を其の藩に遣わし以てその罪を正し其の約を履ましめもって往罪を償わしむるや寔《まこと》に宜なり》

『朝野新聞』は民権派の政論新聞だと言われている。主筆末広鉄腸《てっちょう》（一八四九〜一八九六年）の筆になるものであろう。反政府側の政論家にしてこのように愛国的憤激の熱を帯びている。

後日、松田道之は与那原良傑（馬兼才）を尋問したが、与那原は「西洋各国へ依頼の所為に於いては旧藩王は決して知らざる所にして全く私並びに富川親方両人の専断に出てたる儀に御座候」と国王の関与を否定している。ただし、後田多敦はこれらの活動が「首里王府の活動だった」（『琉球救国運動』）と述べている。

五　琉球藩を沖縄県に

明治一二年、琉球の廃藩置県すなわち「琉球処分」の実施された一年は慌ただしい。

三月一一日：琉球藩王に廃藩置県を達す。藩王・尚泰は華族に列せられ、東京居住を命ぜられる。
三月三一日：松田道之は二個中隊を率いて首里城を接収。
四月　四日：琉球藩を廃し、沖縄県を置く。
五月二〇日：清国公使、琉球の廃藩置県に抗議
五月二七日：日本外務卿・寺島宗則は内政上の都合と回答
五月二七日：尚泰上京
八月一〇日：米前大統領グラント、琉球問題等で天皇と会見

この年、小新聞のひとつ『有喜世新聞』は琉球問題の動静をほとんど毎号報じている。琉球藩を廃して「拿覇県」（なはけん、と読む）を置く、との報道は興味深い。

「往々ハ親方を華族に列し藩を廃して　拿覇県を置かれるお趣意だといふ」（『有喜世新聞』明治一二年一月二二日）

もはや、琉球の廃藩置県は時間の問題の様である。

「於琉の戸籍相談」（図2-7）は、泡盛頭の娘・於琉（＝琉球）の所属について大和楼の旦那連が密談している。

三条実美、伊藤博文、西郷従道（西郷隆盛の弟で台湾出兵の時の都督であった）、松田道之であろう。店先で中を窺っているのは清国（おそらくは何如璋）で、戸籍帳を携えている。戸籍帳には、きっと於琉の名があるはずである。その頭上の暖簾には「大和屋」の染めぬき文字と、蜻マークが入っているので、ここが日本である事が分かる。

座敷に立てかけられた屏風には次ぎの和歌が書かれている。

「さしたかんざしや日本ざしなれど　水性なお前の支那定め」

頭の簪が二本挿し（日本ざし）だから琉球は日本に属する、というのに、水性な（＝浮気な）お前のことだ支那定め（品定め）をしよう、と言うのだ。於琉さんは責められている。

詞書を見ると、「本籍は何処にあろうとも」」、とあるので琉球の本籍が清国にある事は隠れのない事実とし

図2-7　「於琉の戸籍相談」（『団々珍聞』明治12年3月8日号）＝明治新聞雑誌文庫所蔵

て認識されていた事が知られる。そしてまた、「大きな犬ワンに嚙み付かれた時など追って遣ったのに」云々、と台湾出兵問題を持ち出して、恩を売っていたりする。

六　「置藩」から「廃藩」へ

廃国置藩の後、明治政府は明治八年から松田道之を琉球に遣わし、廃藩置県の政策を推進する。その間、明治一〇年、征韓論が敗れて下野していた西郷隆盛らと明治政府の間に西南の役が勃発し、世情は慌ただしい。

松田道之は、明治一二年、首里城に入城し四月四日付け、琉球藩を廃し、沖縄県を置くことを宣した。この少し前、『有喜世新聞』は「琉球へ趣かれたる松田内務大書記官、藩王へ厳重成詔書を持行かれる由（明治一二年三月一五日）と報じていた。明治政府の、「決意」の程が伝わってくる。

大所高所から国政等について論じる大新聞の一つ『東京日日新聞』は、琉球藩の「廃藩置県」について報じる中で、次ぎの様に論じている。

蓋シ琉球藩ヲ廃シテ新ニ沖縄縣ヲ置琉球ノ君民ヲシテ亡國ノ人タラシムル一擧ハ是レ勢ノ然シムル所ニシテ政府ノ意ニアラザル（明治一二年四月八日）

夫レ琉球ノ滅ブルヤ廃藩ノ今日ニ滅ブルニアラズシテ置藩ノ五年ニ滅ブル者ナリ（明治一二年四月八日）

これは廃藩置県が琉球国を滅ぼす所業である事を明らかにしている、それどころかすでに置藩の明治五年に琉球国は滅びたとも主張している。

七　琉球藩から沖縄県へ

「追々土地を広める鬼」（図2-8）の寓意は明らかであろう。簪（かんざし＝琉球藩）を敲いて剣（けん＝県）にする、廃藩置県の諷刺である。しかも外題が「土地を広める」となっているから、明治政府の領土的野心を見据えている。この一枚は琉球処分図絵中でも批判精神旺盛な出色の作品となっている。

琉球の廃藩置県に辣腕をふるったのが松田道之、そして、初代沖縄県令が鍋島直彬である。図の人物たちについて少し絵解きしよう。大槌をふるっている松葉頭が、処分官・松田道之、合いの手の小槌をふるう鍋島頭は、初代県令・鍋島直彬である。目を覆っている泡盛頭が琉球王・尚泰、そしてお手上げのクワイ頭は何如璋か。クワイ頭は清国の記号である。

かな表記が現在と異なるので、詞書（ことばがき）を書きあらためてみよう。

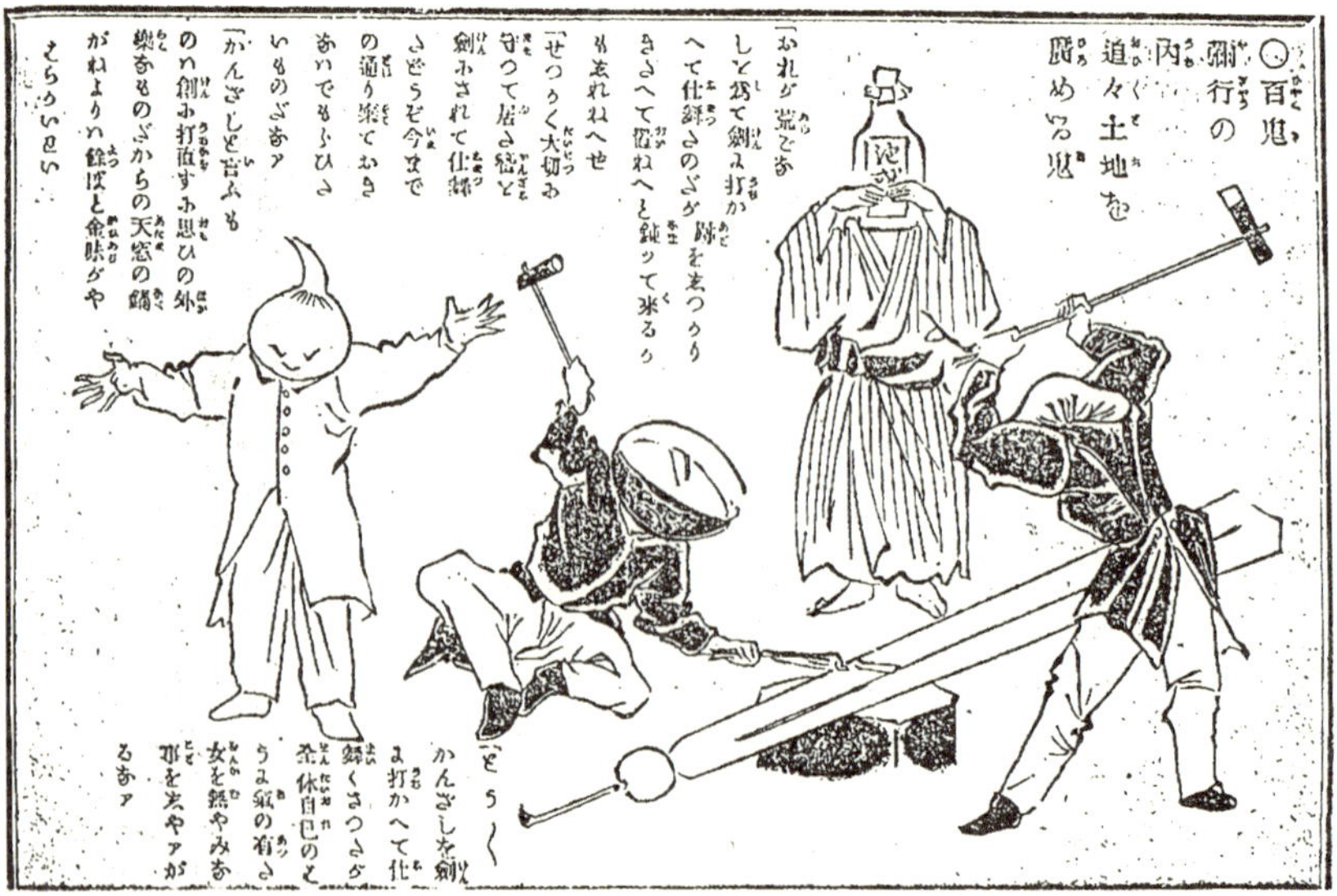

図2-8　「追々土地を広める鬼」（『月とスッポンチ』明治12年5月9日号）

松田道之「俺が荒ごなしをして、剣に打ち変えてしまったのだが、後をしっかり鍛えて置かないと鈍ってくるかも知れねえぜ」
尚泰「せっかく大切に守っていた簪を剣にされてしまった。どうぞ今までのとおり捨てオキナワでもらいたいものだなァ」
鍋島直彬「簪というものは剣に打ち直すと思いのほか楽なものだからの、頭の鍋金よりはよっぽど金味が柔らかいワイ」
何如璋「とうとう簪を剣に打ち変えてしまいくさったが、全体俺の方に気があった女をむやみな事をしやがるなア」
簪が琉球王国の象徴である事は説明を要しない。このとき尚泰は三七才、病床にあったという。対する松田道之は弱冠四〇才であった。
琉球処分に趣く松田道之に、あの福澤諭吉は職務遂行のアドバイスをしている。明治一二年三月四日の日付である。一部を引用しよう。

されば廃藩置県の勅命は勅命にして、別に懇々たる諭告文御示し相成度、譬へば琉球国は両属の理なし、両属して国の為不便利なり、日本政府は琉球を取て自ら利するに非ず、琉球人民を救ふの厚意なり、廃藩の命を聞て一時は驚駭することなからんが、とも威嚇を待て、適例は日本内部廃藩後の有様を見よ抔と、筆まめに書竝べ口まめに説諭して、まず彼の人民の心を籠絡する事、最第一の緊要と存候。(『福澤諭吉全集』第一七巻、二九五 - 二九六頁)

この図絵は目をおおっている琉球人を描く事で、処分される琉球人の心情を的確に示している。また当時、琉球といえば直ちに「泡盛」が思い浮かぶという琉球観があったことが伺える。

松田道之は琉球処分と同年一二月に、東京府知事に任じられた。図2-9は、東京府知事時代の絵姿である。松田道之は、在任中の明治一五年に病没した。

八　尚泰東京へ

「廃王劇日延べ」（図2-10）は、元琉球藩王・尚泰の上京の遅延を諷刺している。松田道之は廃藩置県を宣し、尚泰の上京を命じたが、尚泰は病気を理由に延期嘆願を提出し、延期を願った。

芝居小屋「ふじ見亭」のこの日の外題は「廃王一つばなし」となっている。入り舟の絵と共に、「藩王、親方、雲上」が描かれ、その下に「ひのび」の貼り紙があるので、尚泰の上京予定が遅れている事を示している。

中国人風の客は「日のびと書てあるのをみるとおらが南京亭でもかえやうと言うのか知らん」と一人ごち

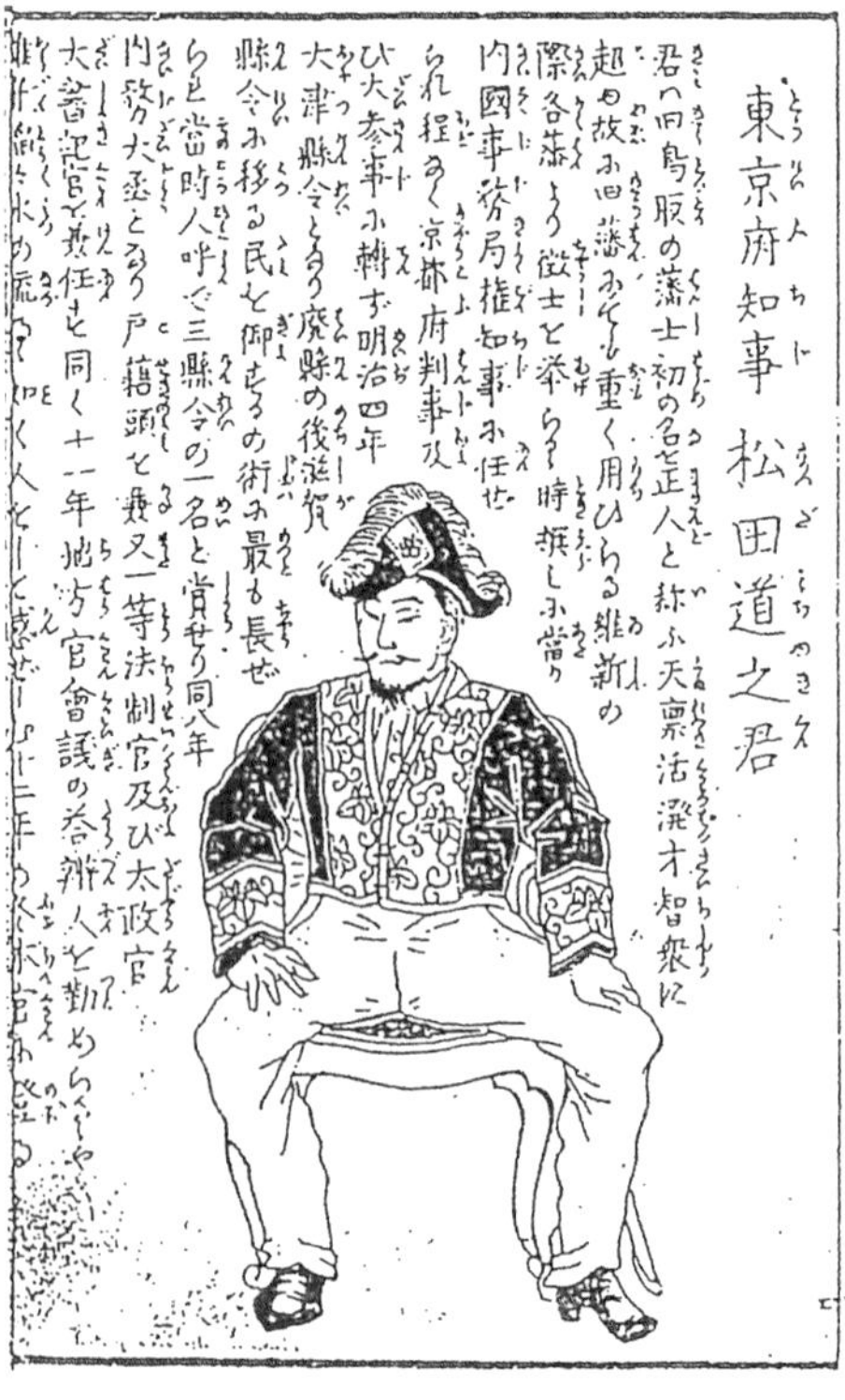

図2-9　「松田道之」
（『府県長官銘々傳』明治15年）

ている。つまり琉球が日本所属をやめ清国につく事を期待している。

また、女客は「かんざしの払い者が出るかも知れないから親方さんが来たら聞見やうや」といっている。親方さんとはウエーカタの事であり、廃藩置県で廃された簪（＝士族たち）がでることの予想である。事実としては廃藩置県後、家禄から金禄への改組にともない無禄化した士族たちが生まれている。

明治政府は強引である。「妓夫に引かれる」（図2-11）の無理矢理、カタカシラの男を妓楼（大和楼＝日本）に連れ込もうとしているのは、鍋島直彬と松田道之である。鍋島直彬は初代沖縄県令である。詞書に、「手前は鍋三と申します、イエモ、万事松助のお話の通り、云々」とある。鍋三は鍋島直彬、松助は松田道之である。鍋島直彬は廃藩置県後の処理を松田道之から受け継いだ形になっている。この三人を、後ろから清国人がハラハラしながら見詰めている。

ここで、頭髪から見た当時の異国、取り分け清国と琉球イメージを確かめておこう。

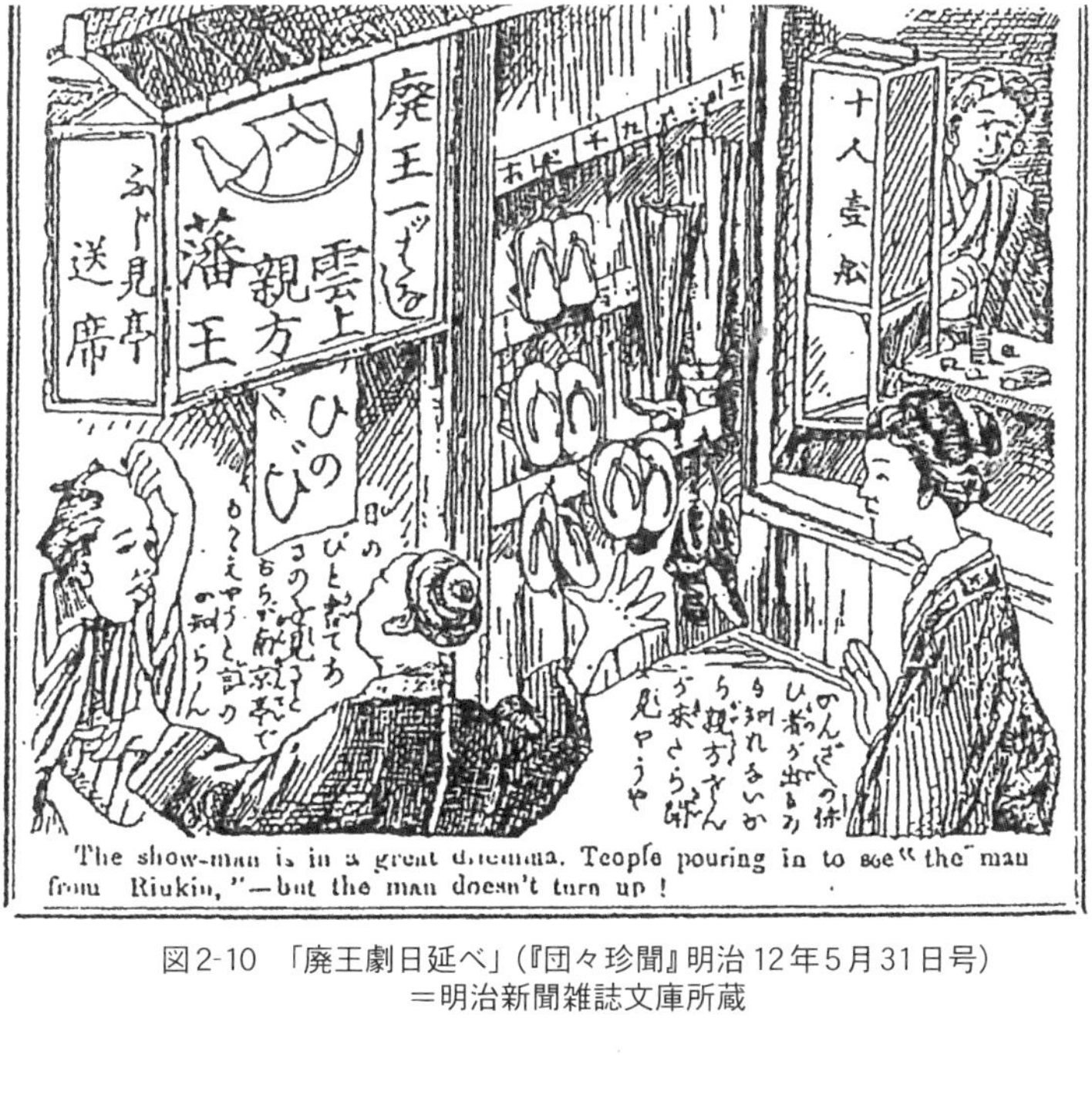

図2-10　「廃王劇日延べ」（『団々珍聞』明治12年5月31日号）
＝明治新聞雑誌文庫所蔵

「開化期の頭髪ファッション」(図2-12)、「日本人の頭は自由主義」(図2-13)は、琉球人をカタカシラに簪を二本挿すパターンで表現している。男性が簪を常用する事にカルチャーショックさえ覚えたかも知れない。

清国(=支那)人は辮髪(べんぱつ)である。

図2-11　「妓夫にひかれる」(『団々珍聞』明治12年5月10日号)＝明治新聞雑誌文庫所蔵

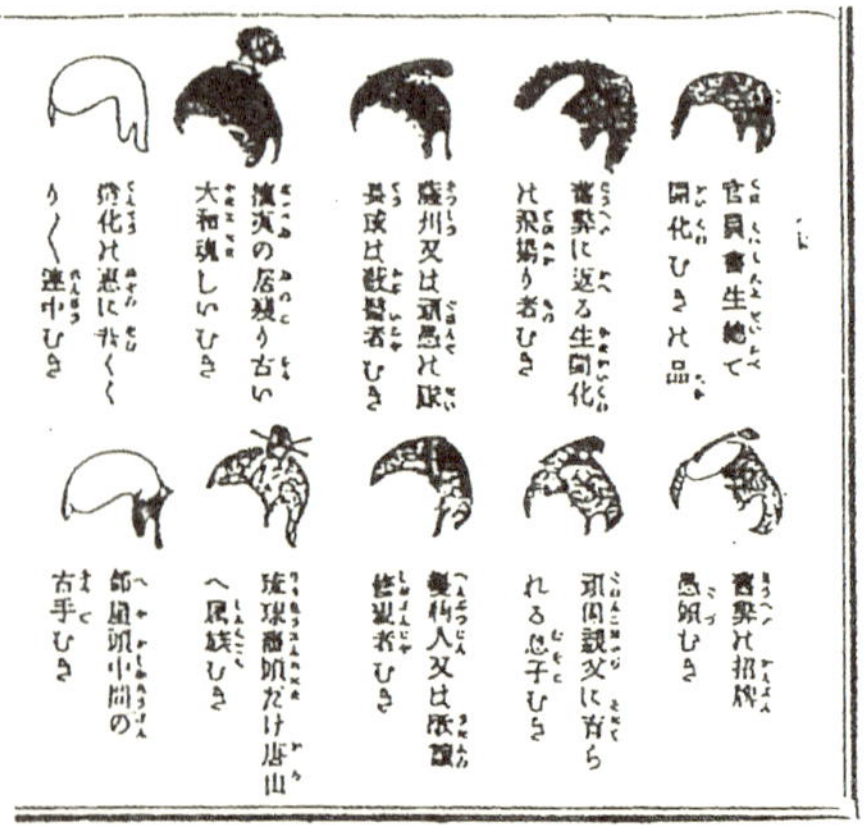

図2-12　「開化期の頭髪ファッション」(『団々珍聞』明治10年12月8日号)

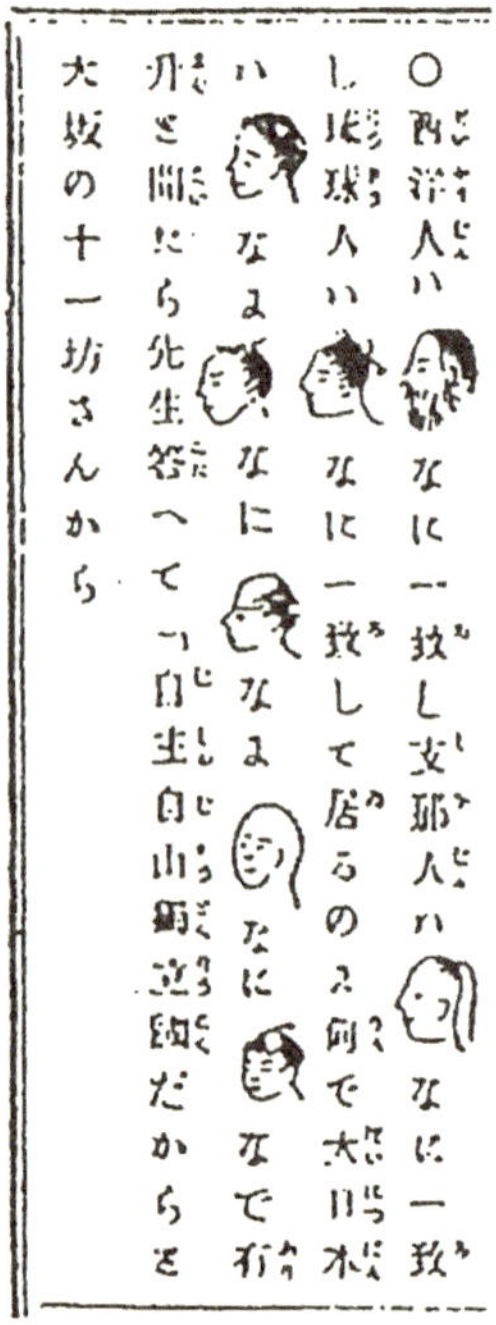

図2-13　「日本人の頭は自由主義」(『団々珍聞』明治12年3月1日号)

九　廃藩置県以後

初代沖縄県令・鍋島直彬は、なかなかの開明派だったらしい。「洋学の今日に必要なるを知り衆に率先して洋行し」（伊藤、明治一四年）とある（図2-14参照）。

鍋島直彬は明治四年の廃藩置県により華族に列せられている。明治一三年迄に、もと殿様でどこかの知事または県令になったのは、六名程しかない（宮武、一九四一）。鍋島直彬の更迭後、二代目県令に就任したのが、米沢藩の殿様だった上杉茂憲である。彼も洋行の経験を持つ。初代、二代といずれも殿様である。明治政府の苦心と意気ごみが感じられるであろう。

鍋島直彬は九州の小藩（八千石か二万石とか）・鹿島の殿様であった、対して琉球藩は約一〇万石、大変な出世である。任官直後に家老だった原忠順を引き連れて赴任しているがその後は全て原忠順に丸投げしている。二年の後、鍋島直彬の更迭により帰郷した原は、どのような蓄財をしたものやら鹿島では屈指の資産家になっている。（太田、一九八〇参照）

沖縄経営は平坦ではない。「軽業沖縄渡り」（図2-15）に見る様に、綱渡りのような任務であった。詞書を見ると、「綱渡りの半ばで立ちすくみ、手も出ず足も出ぬ所ハ達磨大師の座禅のかたち」と

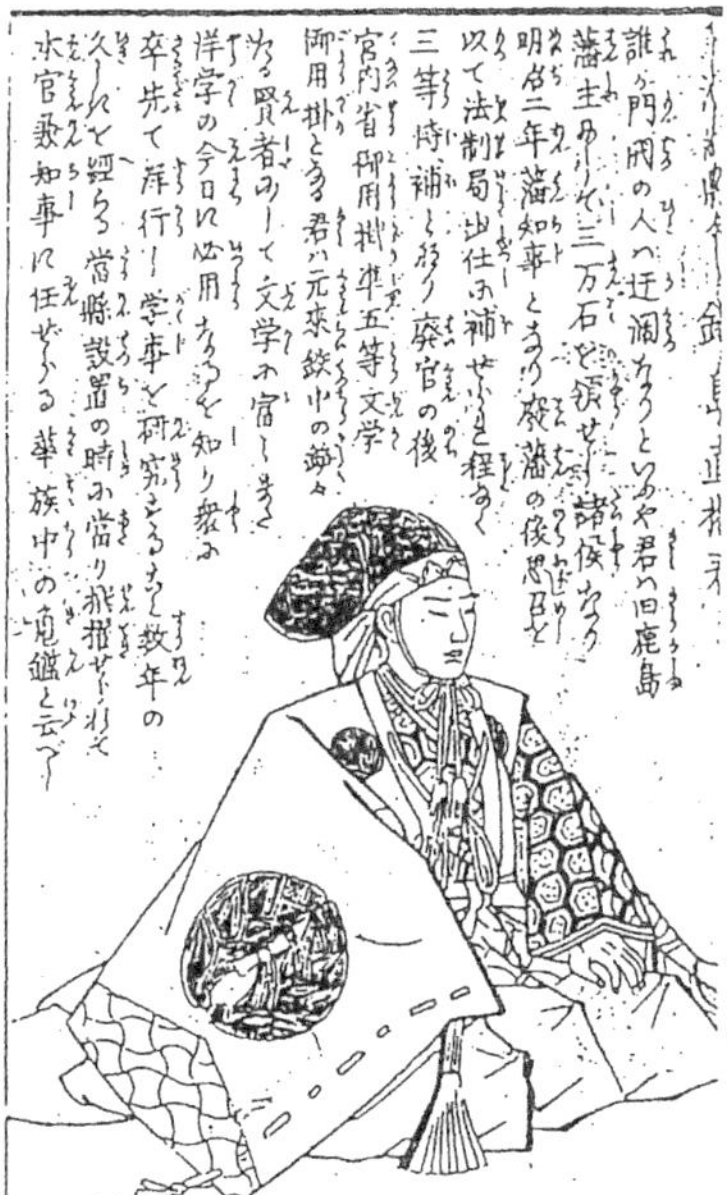

図2-14　鍋島直彬
（『府県長官銘々傳』明治15年）

書かれている。沖縄の端を支えるのは松田道之、「支那」と文字の入った扇子を左手にバランスをとる鍋頭は鍋島直彬である。鍋島直彬は言う「親方や里の子めらが言ふことを納ないので困りきる」と。親方はウエーカタ、里の子は里之子、つまり上級士族である。英文の詞書きを意訳すると「沖縄統治と綱渡りとどちらが危険か」となる。『有喜世新聞』の報じる廃藩置県後の沖縄事情を見よう。

「當地は東京にて聞及びしよりハ案外よろしく且衣食住には都て差支之なく候へども只言葉の不通には殆ど困り入り候」(明治一二年五月一七日)

これは、社友からの手紙として報じられたものである。

「當時沖縄県へ出張の官員ハ該地の言葉不通の事が有」(同年五月二〇日)

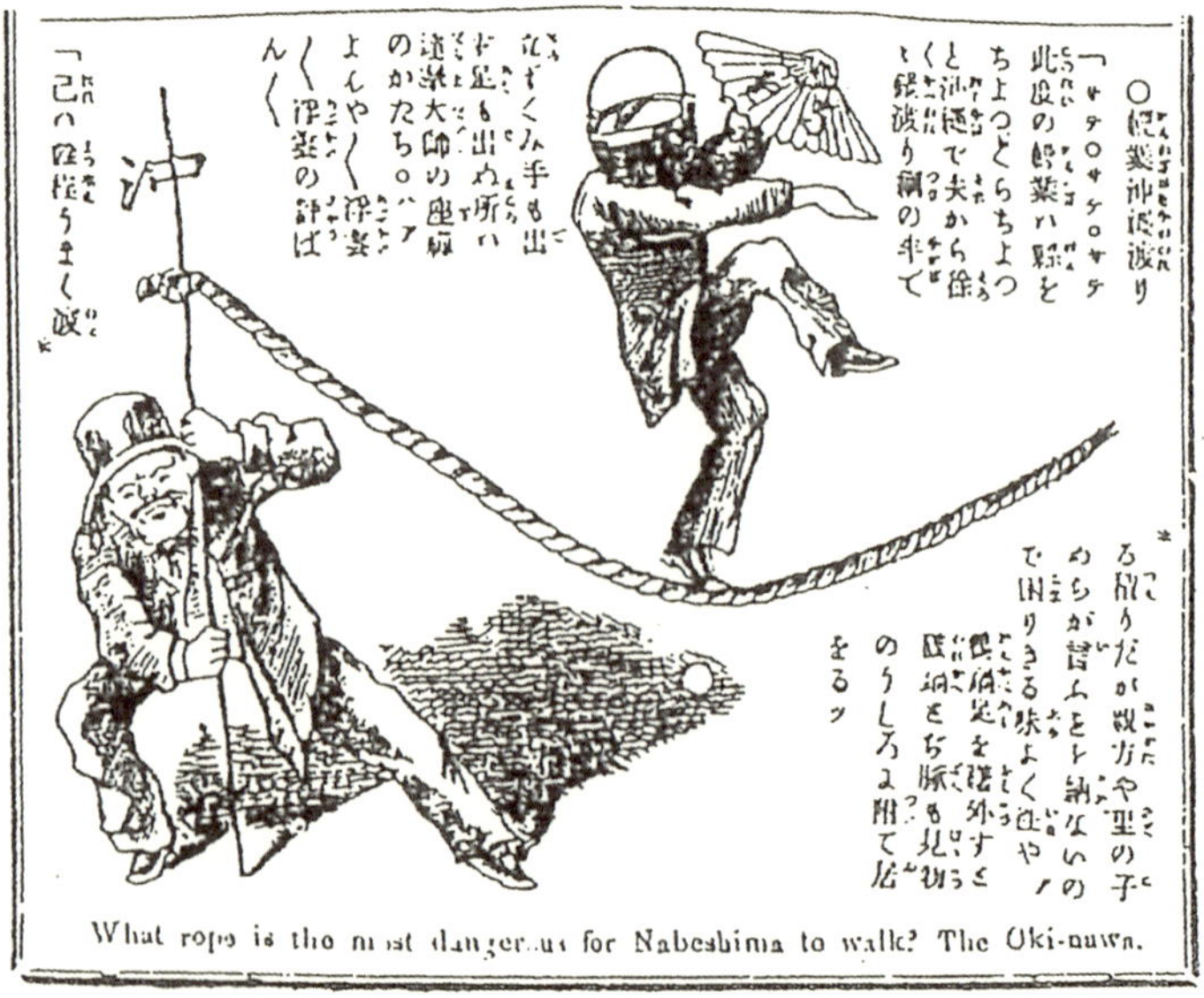

図2-15 「軽業沖縄渡り」(『団々珍聞』明治12年9月2日号)
＝明治新聞雑誌文庫所蔵

言葉の問題で難渋している様が分かる。

「沖縄県下は気候が不順なので出張官吏の中にて持病又ハ余病を発して困難する者が多い」（同年五月三一日）

「内地の諸県と違ひ道路険悪く駕でなければ通行し難く」（同年七月一二日）

「清国北京駐劄日本公使より支那政府ハ琉球事件に付き大いに激動したる由を報告あり」（同年七月一二日）

清国の軍備増強のうわさも聴こえてくる。

「虎列拉病ハ餘所の事處でハないがとうとう沖縄県へも渡って去る一五六日頃よりそろそろ始まり那覇西村儀間村などへ一時に蔓延たが土人ハ其の病の何たるを知ないのみならず甚だしい不潔の地なれば病は所を得て一戸で両日に五人死去た所もあります」（同年八月一四日）

「土人」と言う表現がある。当時の琉球認識として重要である。コレラは日本全国を苦しめたが廃藩置県とともに琉球いや沖縄県にも伝染してきたのである。しかも鍋島直彬県令もコレラに罹病し生死の境をさ迷ったと言う。

鍋島直彬の統治が実質的には原忠順の働きであり、武器を持たず、日本語を知らない遅れた住民への、警察力や武力を背景とした容赦のない支配であったのだろう。

太田は鍋島直彬の県治を次のように評している。

置県直後の沖縄に対する鍋島県政には寛仁大度というものがなかった。それどころか、むしろその逆で、いちがいにいえば、その県政は小心翼々たるものであった。（二〇九頁）

つぎに、『団々珍聞』掲載の川柳、狂句などを取り上げる。

「琉球のおやかた畳み職らしい」（明治一二年五月二四日号）
「芋畑へ番小屋をおき縄を張り」（同年五月三一日号）
「華士族に成て親方よろこばず」（同年六月二一日号）
「松田の料理おやかた苦い顔」（同）
「琉球のあたまハ今も二本かんざし」（同年六月二八日号）
「琉球の士族天窓で二ほんさし」（同年八月二八日号）

「天窓」は「あたま」と読む。

十　上杉茂憲から岩村通俊へ

明治一四年、鍋島直彬県令は元老院議官に転出し、後任に原忠順を推薦したが容れられなかった。二代目県令には旧米沢藩の最後の藩主・上杉茂憲が任じられた。

太田は上杉茂憲について「開明派の名君的風格をもった県令で、沖縄県の改革（近代化）に熱心だった」（二六〇頁）と好意的な評価をしている。また、新屋敷幸繁も次のように記している。

上杉県令は、六月十四日に東京を出発して、六月二十五日に沖縄に着きました。彼は、幕末に徳川幕府側についたために隠居を命じられた米沢藩主上杉斉憲の後をついだ人です。彼は、新政府に版籍を奉還して米沢藩知事に任じられ、イギリスにも留学したひとで、鍋島県令と同じように、愛国愛民の大名思想と、文明開化の新思想を併せ持っていました。（二二頁）

新屋敷幸繁には鍋島直彬も名君であったとの口吻が感じられるが、この点で太田良博との評価の差が生じている。それはともかく、上杉茂憲に対して両者とも開明改革派の人であるという認識を示している。

上杉茂憲の事績について新屋敷幸繁は次の様に記している。

赴任の年の十一月から十二月にかけて一ヶ月間も、島尻、中頭、国頭、本島三十五間切の視察旅行を断行し、あけて明治十五年の八月には、半月にわたる久米島、宮古島、八重山島の視察旅行をなしとげたのでした。（同）

上杉茂憲は地方の庶民の生活をつぶさに見聞し、質問し、励まし、示唆を与え、老人を労り、甘藷政策による自給自足を勧め、産業振興を急ぎ民情に通じようとした。まるで水戸黄門のような地方行脚である。当時、県令は、藩でいえば藩主、琉球でいえば王様であるので、まるで王様が民間に分け入り言葉をかけ、親しく意見を聴取するとの図であるのだ。これは、相当過激である。

上杉茂憲はまた、教育の普及に力を注ぎ、県費留学生五人を東京に留学させた。彼らは、後に沖縄県を背負う人材に育っていく。さらに、県令を更迭されるに際し奨学資金として三千円もの私費を県に寄贈している。

上杉茂憲は明治一四年六月（5月説もある）に着任、同一六年四月に離任している。

第三代県令岩村通俊の初めての沖縄入りは明治一五年一二月九日である。次の辞令書がある。

御用有之沖縄県へ被差遣候事

この時、「沖縄県治調査辞令」が下されている。それによると、

沖縄県治について政令未だ一般に概行すべからざる者あり。緩急を酌量して漸を以て挙行し、其旧制を存して事に害なき者は之を保存し、以て民情に適せしむべく

と記されている。参考条件が六項目付されている。旧慣に復せしむ内容である。彼は、明治一四年一〇月二一日付けで会計監査院長に任じられており、このたびの派遣は県治調査のためであった。結局は上杉茂憲の沖縄県治の大目付の役目であったであろう。

上杉茂憲の方針と岩村通俊の使命は真っ向から衝突する。この間二人の県令が沖縄に出現したようなものであった。

「二頭びっくり二ツ星」（図2-16）は二人の葛藤を諷刺する。

空に太陽が二つ。杉の上の太陽は笑顔である。岩山（らしき）上の太陽はへの字で眉も逆立っている。前者は上杉茂憲、後者は岩村通俊である。二人のパーソナリティが如実に現れている。おそらく庶民層は上杉茂憲のセサクに恩恵を受け、旧支配層は一度剥奪された利権を復旧されることになりほくほくであったろう。カンプウを結う男女、笑いさんざめく声が聞こえてきそうな構図である。

詞書に「いづれどちらか一つに成るのに相違ない、併し少しの間でも二人前の光線ぢゃ電気燈なんぞより余程明るうて喜んだらう」とある。この諷刺画が報じられる直前の明治一六年四月二二日付けで岩村通俊は沖縄県令兼務を命じられている。同時に検事に任じられ、八月には検事を免じられ判事兼任となっている。岩村通俊は明治太政官政府を背景に巨大な権力を行使する存在になったのである。

この後、明治一九年岩村通俊は初代北海道庁長官に任じられ明治二九年には男爵に列している。能吏と呼ぶに相応しい人物であろう。太田良博はこう評している。

岩村は、北海道長官になる前に沖縄県令になったわけだが当時の沖縄県令としてはもっとも不適当な

図2-16　「二頭びっくり二ツ星」（『驥尾團子』第235号　明治16年5月9日）＝明治新聞雑誌文庫所蔵

人物だったかもしれない。（二六四頁）

十一　沖縄最後の県令・西村捨三

最後の沖縄県令・西村捨三の在任は、明治一六年一二月から一九年四月に至る二年半である。内務省土木局長で築港や道路整備に才能を発揮した。首里から那覇、首里から与那原間の道路の改修に着手、インフラ整備に腐心したようである。

「舌切り雀狼藉の図」（図2-17）は、西村捨三県令を諷刺する。右の大きな顔は簪を挿している。この婦人は右手は雀の首を絞め、左手に和バサミが握られている。雀の衣服には「ニシムラ」の名印がついている。二つの目玉は飛び出している。その背後には摺り鉢がひっくり返って縁が欠け、何か流れている。摺り子木は右手に飛んでいる。「沖屋」の看板が懸かっているので沖縄であることがわかる。おそらく玄関先では下駄の鼻緒が切れ、頬歯も欠けている。この雀は旅館もしくは下宿屋に入り込んで悪さをしたのである。摺り鉢には「テコ摺鉢」とされている。てこずってい

図2-17　「舌切り雀狼藉の図」（『団々珍聞』明治17年2月23日）

るということだ。

沖縄の不平分子たちが西村捨三県令に対して乱暴狼藉を働いたという記録は残っていない。むしろこれは無茶な県治をすると沖縄県民は黙っていないぞ、との警告と読める。県令就任早々にこの手荒な諷刺である。彼は善政を敷くプレッシャーを与えられたと考えてよい。

西村捨三の後、県令の名称は知事に改められる。したがって、西村が最後の県令という事になる。

十二　泡盛の論

「酩酊するおろち」（図2-18）の豚顔の大蛇は清国である。その頭上で飛翔する蜻蛉は日本を表す。大蛇が小さな蜻にいいようにあしらわれている。詞書の「蜻蛉が泡盛の酒を飲み口嘗めずりをしてゐるを見て大蛇めが己の大好物をとんぼにせしめられたので大腹立」とは、日本が廃藩置県を断行した事への清国の状況である。

そこで清国は「藤だの葛だのの間から豚まな天窓をして首を伸ばしにっ本参る積もりだといふ」のだから、日本へ

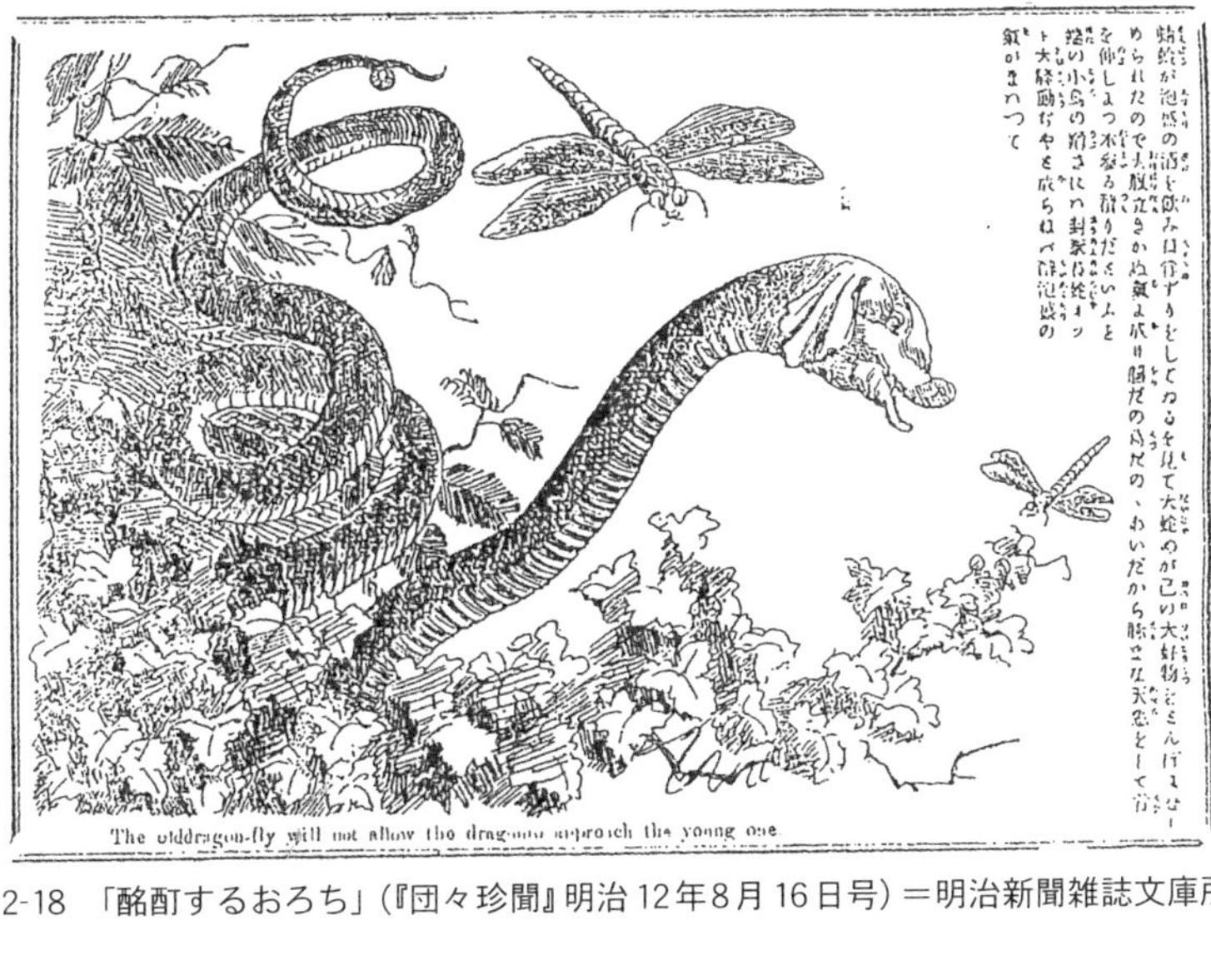

図2-18　「酩酊するおろち」（『団々珍聞』明治12年8月16日号）＝明治新聞雑誌文庫所蔵

抗議する気配である。ただし藤や葛の間から首を出すように、清国自体にも列強との間にいろいろな問題を抱えているおり柄、どうも迫力がない。

泡盛の酔いに任せて、首を出してきただけとの諷刺である。どうも日本ナショナリズムの匂いが濃厚である。

一方「叱責される泡盛」（図2-19）は、クワイ頭の男が、泡盛の瓶に身を包む男を叱責している。泡盛男はどうやら泣いているようだ。右手には二〇万円の金袋を握って、帽子を被っている。

クワイ頭は豚《ぶた》の尻尾になぞらえ、清国の記号である。泡盛は琉球である。泡盛が帽子を被っているのはカタカシラを隠す為である、何の顔あって清国の前に立てようか、私は琉球国王です、と胸を張れない、旧琉球王・尚泰が面目を失っている図である。

華族従三位・尚泰は年分一割付きの金禄証書二〇万円を賜っている。だから先に見た涙は、二〇万円に対する利分が良いので、泣き寝入りすることにした印だったのである。ところで英文では「このトンチキ奴、

図2-19　「叱責される泡盛」（『団々珍聞』明治12年10月25日号）
＝明治新聞雑誌文庫所蔵

二〇万円なんてすぐに無くなっちまう、そのあとどうするんだい」となっている。
泡盛でヤキが廻ってしまった琉球の図である。

十三　琉球分島計画

廃藩置県以後、薩摩藩が無くなった後、日本国と琉球国の関係は、井上によればつぎの四つの選択肢があった。

一　依然として清国との宗属関係を保ち、島津を天皇と置き換えただけの植民地従属国となる
二　徳川将軍を天皇と置き換えただけの、清国に対するよりももっとゆるい形式的な属国となる
三　名実ともに独立国家となる
四　独自の国家たる事も抹殺されて完全な日本の領土の一部分となる（そのさいには清国との宗属関係も清算されなければならない）

（井上、一九七一、三二〇頁）

選択の権利を留保しているのは日本国・明治政府であった。歴史的に見れば第四の選択肢が選ばれた事になる。

グラント前米大統領の斡旋を得て、琉球所属問題に付き明治政府は清国との交渉に入った。その時持ち上がったのが、琉球分島案であった。平塚（一九二九）の描く内容は一驚に値する。

　當時日支両国の間には、最恵国約款なるものが無かったから、日支通商上には非常に不利なものが多かった。夫れで日本から改めて此最恵国約款の承認を要求する代わりに、沖縄列国の内、最も離れて支那大陸に近い、八重山、宮古の両群島を支那に譲ると言ふ条件であった。（一五頁）

条約調印の前日になって、清国は態度を変えた。当時清国はロシアとの間にグルジア問題で紛糾があったので、日本との交渉に犠牲を覚悟で先の条件になったのだが、急転直下グルジア問題が決着したので、日本との交渉を反古にしたのである。この為、琉球分島問題は宙に浮いてしまった。

経済的利権（最恵国待遇）を得る為には自国領土を割与する事もいとわない冷酷な明治政府である。しかも琉球が日本の版図であると強引に主張し、強硬に廃藩置県にした沖縄県の一部割与を、日本国から積極的に清国に働きかける酷薄さである。日本とはそういう国であった。

沖縄分島問題に関する図絵資料は今のところ見つかっていない。

この分島条約は、清国の一方的な都合で結局さたやみになった。したがって、琉球所属問題は曖昧なままに残された（沖縄分島問題については、金城、一九七八を参照されたい）。

十四　止まぬ日清のごたごた

「紙細工製造所」（図2-20）は清国の武器生産能力の評価をしている。お客の二人は簪を二本挿している事から、琉球人だとわかる。図の左手の子どもたちは辮髪をしているので清国を象徴している。大砲などの兵器を製造しているのが子供であるというのは衝撃的である。琉球が当てにしている大清国の軍事力の実情が児戯に等しいことが暴露されているからである。日本が琉球を併合したことを「此の節ハ大和屋の新店を出し魔舌唐李鴻に差し上げ升」と詞書している。

大和屋＝日本、唐＝清国、新店＝沖縄県、李鴻＝李鴻章、が読み込まれている。李鴻章はこの時代の外交・軍事に重責を担っていた。掛け値なしの正札商売をしていると宣べ、上等品は九戦中等が志戦下等が山戦という。休戦、止戦、参戦である。「親方此の節大和屋から店を出したがやはり此の方がしながよいと思い升」と柔軟である。

「蜻蛉が芋を盗る」（図2-21）は、琉球の「廃藩置県」五ヶ月後の作品である。画の中央に大きく蜻蛉が描かれる。蜻蛉は日本を象徴する。蜻蛉は芋畑から芋を採っている。畑にはネズミのような姿態の豚が一頭描かれる。芋畑は琉球である。豚は清国である。豚は「芋が持ち去られるのに黙視できない。という。芋（琉球）が蜻蛉（日本）に盗まれる、と主張しているのである。しかし、蜻蛉は日本の明治七年の台湾出兵の顛末を持ち出して論駁している。乱暴な主張である。

「豚が芋畑を荒らさんとする図」（図2-22）は、豚すなわち

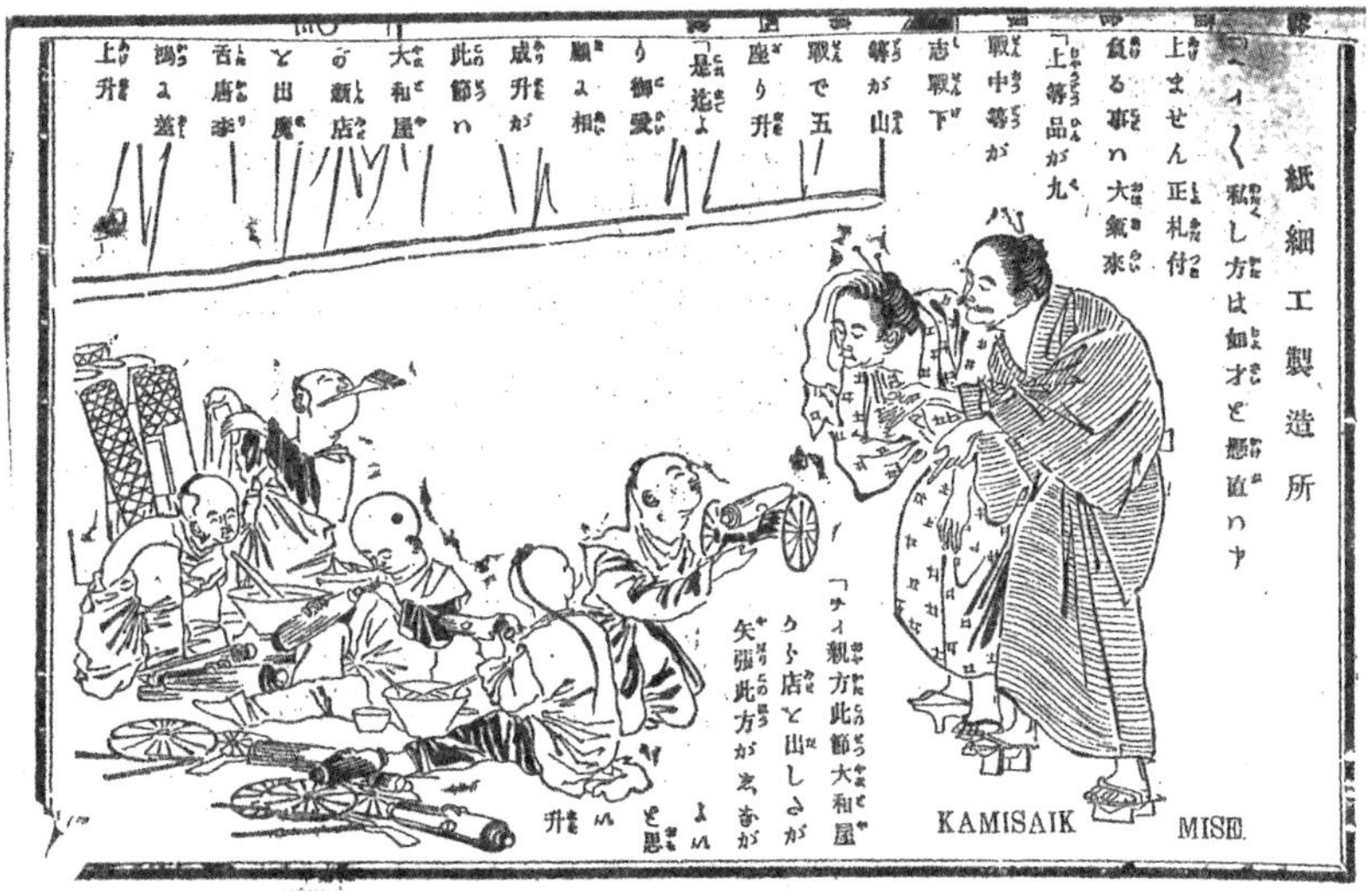

図2-20　「紙細工製造所」（『文妙戯化鯰猫珍報』明治12年8月9日）
＝明治新聞雑誌文庫所蔵

清国が日本に対して無法を働いているという趣旨を描く。日本政府が琉球の版図化、すなわち「廃藩置県」を断行したことに清国は異議申し立てをしている。畑に鍬を入れると「アワモリ」の甕が掘り出されている。畑は琉球である。その様を懐手で悠然と眺めている

図2-21 「蜻蛉が芋を盗る」(『人間萬事興し餘誌』第4号、明治12年9月1日)＝明治新聞雑誌文庫所蔵

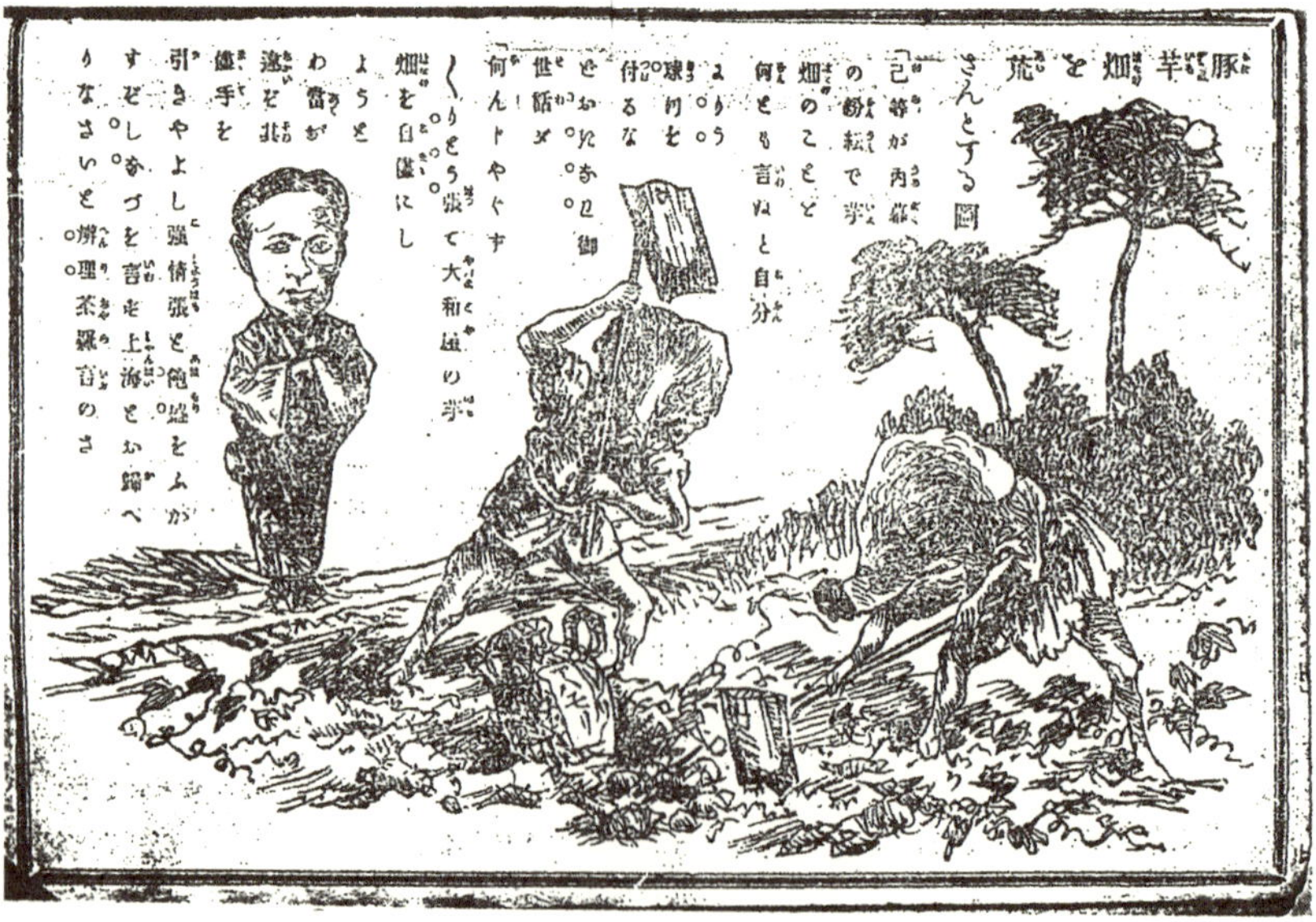

図2-22 「豚が芋畑を荒らさんとする図」(『生久楽心誌』第5号、明治14年9月23日)＝明治新聞雑誌文庫所蔵

和装の人物は日本である。この男は琉球を「大和屋の芋畑」と呼ぶ。琉球を日本の領有とする認識である。琉球の帰属問題は「廃藩置県」から二年経ってもごたごたしている。

琉球分島交渉はうやむやの内に胡散霧消したが、琉球国の帰属をめぐる日清の紛争は終わっていない。再燃の兆しがある。図「琉球芋の蒸し返し」（図2-23）で「琉球芋」とは琉球国（日本側の見解では「琉球藩」もしくは「沖縄県」となる）を表象する。竈で火を焚き、芋を蒸し返し、あるいは新しく芋を洗うのは清国である。清人の振る舞いを観察するのはシルクハットを被り煙草をくゆらす西洋列強であり、日本である。必死な清国に比べ余裕の様相である。清国人の詞書に「蒸し加減がよくなかった。蒸し返して食する」（意訳）とあるので、琉球帰属問題を蒸し返す腹なのである。領土の返還を意図しているというより、「華夷秩序」の維持に腐心している様が描かれている。

「日の用心」（図2-24）は清国の挙動を「唐風」（＝空っ風）と表現している。空っ風に焚き付けだから、火の用心

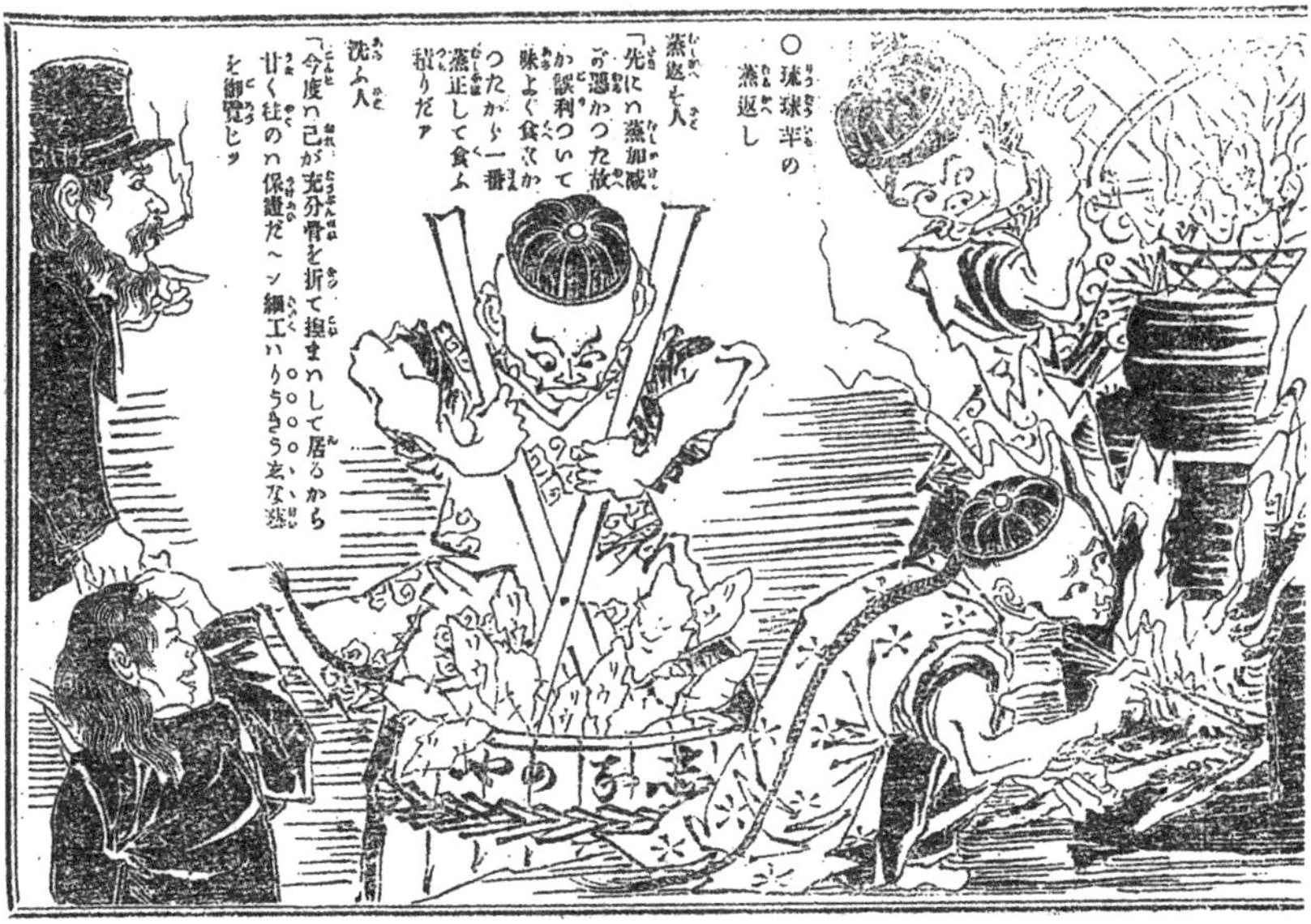

図2-23　「琉球芋の蒸し返し」（『能弄戯珍報』第17号、明治14年9月20日）
＝明治新聞雑誌文庫所蔵

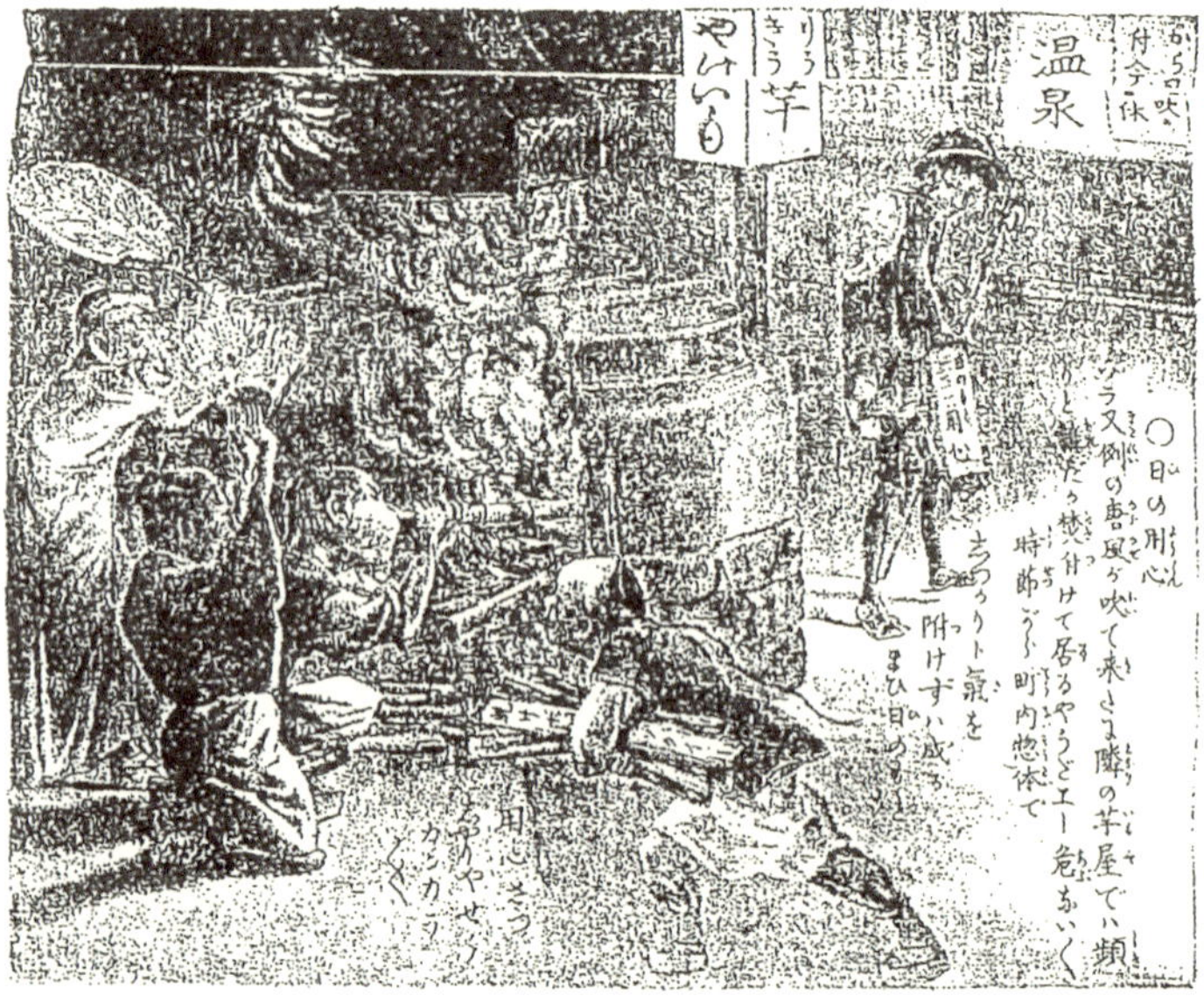

図2-24　「日の用心」(『団々珍聞』明治19年11月20日号)

図2-25　「明治二十年初荷之賑い」(『団々珍聞』明治20年1月1日号)
＝明治新聞雑誌文庫所蔵

（火のもと＝日本）が必要だというのである。年明けて、明治二〇年、伊藤博文首相には難問が山積みである。「明治二〇年初荷之賑い」（図2-25）は政治課題を取り上げて見せている。伊藤博文自身が牽く大八車には、琉球表、朝鮮飴、驥長崎チャンポン麺、改正上夜具と多彩である。琉球表は言うまでもなく琉球所属問題である。

朝鮮飴は、清国の出先機関、日本の出先機関と朝鮮内部の政争の三者が絡んだ紛争（甲申政変または第二次京城事件）と金玉均らの日本亡命の問題である。

長崎チャンポン麺は、清国水兵が長崎で日本の警官と起こした紛争である。

改正上夜具は、西洋列強と結ばれていた不平等条約の改正問題である。条約問題以外はいずれも清国の関係する問題であり、結果的にはこれらの問題は日清戦争（明治二七～二八年）後まで決着を見なかった。

条約改正問題も日清戦争の戦勝まで進展が無く、解決を見たのが明治三一年である。琉球併合以後、明治政府は台湾併合、朝鮮併合と海外侵略に迷い込んでいく。

十五　新たなる薩摩支配？

先に、「廃国置藩」が薩摩支配からの脱却でもあったであろう、と書いた。しかし実情はそう簡単ではない。明治新政府の要人達が薩摩・長州出身者で占められていた。したがって政策決定・実施には彼らの意見が採用されやすい。明治二一年迄に政府の要路にいた者の数と氏名を『東京日日新聞』は報じているが、大臣の部で全三四人中、薩摩出身者は一一人、長州出身者が八人を占めている（荒木、一九七六参照）。この中には、「琉球処分」に関係のある大久保利通が入っており、松田道之は鳥取の出身であるが、その直属の上官が大久保利通であった。

明治五年、王政維新御祝儀使の派遣を説得に来たのが薩摩人・伊地知貞馨、奈良原繁であり、この勧めで上京した慶賀使節・伊江王子、宜野湾親方に対して、「尚泰を琉球藩王となし、華族に列する」との詔勅が下された。この時に琉球王国は滅び、琉球藩になったのであった。

琉球処分官・松田道之とともに首里城入城した木梨精一郎（初代県令・鍋島直彬着任まで県令心得であった）も薩摩人である。

薩摩人・奈良原繁は、明治政府の中心人物の一人伊藤博文（長州出身）の要請で、第八代目の沖縄県令となり一五年一〇か月（明治二五年～四一年）の長期にわたり沖縄県に君臨した。伊藤博文は、大久保利通が凶刃に殪れた後を継ぎ、琉球処分に関わった人物である。琉球所属問題で清国との衝に当たった寺島宗則も薩摩出身である。初代県令・鍋島直彬の下にいた県職員一二一名のうち鹿児島県人が一六名、外交官僚八二名であった（歴代知事編纂会、一九八〇、三九〇頁）。奈良原繁在任中に日清戦争（明治二七～二八年）があり、その戦勝と後処理の後、琉球すなわち沖縄の日本所属は確定する。これにより明治政府の旧慣温存策からの政策転換、つまり本格的な琉球の経営が開始され、基礎が固められたのであった。琉球処分の始めと終わりに奈良原繁ありき。端的に言えば、奈良原繁は琉球処分劇の主要な役を演じながら幕引を担った人物である。だけでなく、「処分」終了後の琉球経営に重大な役割を果たしたのである。

こうしてみると、明治五年の「廃国置藩」は、薩摩支配からの脱却ではなく、薩長の意を体した明治政府による、琉球王国の日本国に組み込まれる処分過程の始まりであった、とすべきであろう。

おわりに

本稿は図絵コミュニケーションの様相につき、「琉球処分」を扱った諷刺画を通して明治初期の日本人の「琉球観」を検討し、かつ「琉球処分」が図絵的にどのように表現されたかを見、併せて「琉球処分」の経過をたどったものである。

「琉球処分」に関する研究はたくさんの蓄積があり、諸家の研究を跡づけるのさえ容易でない。新史料が発見されたり、研究のパラダイムの組み替えなども論議され、さらに、「琉球処分」そのものの評価をめぐる論争もある。また厖大な史料があり、それらを精査するのも覚束ない。

したがって、本稿では諷刺画を解読する範囲で史資料にあたり、取り敢えず「琉球処分」を再構成してみた。

本稿で用いた諷刺画に、琉球内部の反応や事情の描かれたものは見当たらない。脱清や分島問題をテーマにした作品も、今のところ見当たらない。また、これらの諷刺画を見た読者の反応についても資料の持ち合わせがない。したがって、資料探索など残された問題は多い。後日を期したい。

参考・引用文献

荒木　昌保　一九七六『新聞が語る明治史』第一分冊　原書房

安良城盛昭　一九七八「琉球処分論」『新沖縄文学』№七八　一八～三六頁

福澤　諭吉　一九七一『福澤諭吉全集』第一七巻　岩波書店

比嘉　春潮　一九七一ａ『比嘉春潮全集』第一巻　沖縄タイムス社

比嘉　春潮　一九七一ｂ『比嘉春潮全集』第二巻　沖縄タイムス社

平塚　篤　一九二九「日清間の琉球談判」『明治文化研究』第五巻　五号　一四～一八頁

比屋根照夫　一九七八「脱清派の歴史的位置」『新沖縄文学』No.七八　五九～七二頁
井上　清　一九七二「沖縄」『岩波講座　日本歴史』一六　岩波書店　三一五～三五六頁
伊藤専三（編）　一九八二『府県長官銘々傳』林　吉蔵
岩波書店編集部（編）　一九六八『近代日本総合年表』岩波書店
木本　至　一九八九『「団々珍聞」「驥尾団子」がゆく』白水社
金城　正篤　一九七六「琉球処分の諸相」沖縄県教育委員会（編）『沖縄県史』第一巻　沖縄県教育委員会　四七～五九頁
金城　正篤　一九七八「中国近代史と〝琉球処分〟」『新沖縄文学』No.七八　三七～四七頁
金城　正篤　一九八〇『琉球処分論』沖縄タイムス社
木山竹治（編者）　一九二五『松田道之』鳥取縣教育会
宮武　外骨　一九四一『府藩縣制史』名取書店
名嘉正八郎　一九七八「〝琉球処分〟関係文献解題」『新沖縄文学』No.七八　一三〇～一四八頁
大岡　力　一八九二『地方長官人物評』長島為一郎
太田　良博　一九八〇『沖縄に来た明治の人物群像』月刊沖縄社
歴代知事編纂会（編）　一九八〇『日本の歴代知事』第一巻　歴代知事編纂会
後多田　敦　二〇一〇『琉球救国運動』出版舎Mugen
下村富士男　一九七八「明治の外交」　森克己・沼田次郎（編）『体系日本史叢書』五　山川出版　二三四～二六四頁
新屋敷幸繁　一九七七『沖縄県史物語』月刊沖縄社
田港　朝昭　一九八〇「近代における沖縄」『岩波講座　日本歴史』一六　岩波書店　二一三～二四〇頁
手塚　豊　一九四三「ボアソナードの日清戦争観」『明治文化』第一六巻第二号　一六～一八頁

史資料

『江戸期琉球物資料集覧』全四巻　州立ハワイ大学宝玲叢刊編纂委員会（監修）　本邦書籍　一九八一

『妙々雑俎』一二一〜一三三号（明治一一年一二月〜明治一二年三月、「東京大学明治新聞雑誌文庫」蔵）

『於東京繪團團珍聞』第一号〜第七五四号（明治一〇年三月一四日号〜明治二三年五月二四日号）（本稿では「東京大学明治新聞雑誌文庫」蔵を用い、図版引用の底本は本雑誌の復刻版『團團珍聞』北根　豊（監修）、山崎英祐（編）　本邦書籍　一九八一〜八二を用いた）

『琉球所属問題関係資料』全八巻　州立ハワイ大学宝玲叢刊編纂委員会（監修）、横山　學（編）　本邦書籍　一九八〇

『東京日日新聞』明治一二年四月八日

『月とスッポンチ』一〜四八号（明治一一年一〇月〜明治一二年一二月

『有喜世新聞』明治一二年一月一日〜八月一四日

第二節　琉球分島改約事案と伊犁事件

はじめに

明治政府は、明治五年に琉球王を琉球藩王に据えた。さらに明治一二年、歩兵隊と巡査を派遣し首里城を占領、琉球藩を廃して沖縄県とした。世に言う「琉球処分」である。こうして日本は琉球王国を自らの版図に加えた。これに対して清国は抗議をするが日本国はまともに取り合わなかった。とはいえ、清国の李鴻章の意を汲んで米国のグラントは、日清の調停を試みた。これを契機に琉球分島改約交渉が起こる。この顛末について児島襄はつぎのように記している。

こうして日本は駐清公使・穴戸を全権として、交渉に入った。一年後の十三年十月、両国は交渉を開始し次の条件で調印することになった。

一、沖縄本島以北を日本領とし、宮古、八重山二島は清国領とする。

二、清国が元来欧米諸国に与えてきた利権を日本にも分つ。

アメリカ大18第大統領グラント将軍
(1822～1885)

ところが、調印の段階で、直隷総督・李鴻章、両江総督・劉坤一が異議を挟んだので、調印はできず、交渉は打ち切りとなった。しかし、その後、清国は琉球に言及して来ないので、日本は従前どおり琉球全部を領有することになった。(下、32頁)

この記述では、どのような異議なのか、詳らかにしない。本節は、琉球分島改約事案と伊犁事件関連について諷刺画の検討を通して跡付ける。

一　分島改約案

分島とは、旧琉球王国版図を本島以北と宮古・八重山地区に分割し、前者を日本領、後者を清国領とする琉球分割案である。また、改約は明治四年に締結した日清修好条規の改正を意図するものである。米欧諸国が清国に対して持っている最恵国待遇を求めるものであった。日本の国益にはなるが清国にとっては屈辱的な要求である。明治政府の明治五年に版図化した琉球を「最恵国待遇」の利益と引き換えに宮古・八重山を清国に割譲しようとの琉球人にとっては冷酷な政策である。植田捷雄は「琉球問題解決の機に乗じて改約を飽くまで實現しようとするのが日本の目的であった」(一八九頁)と述べている。明治四年の条規は一〇年後に改約をするはずのものであったのに、期限前に日本は強引に事を進めようとしたのである。ところが、清国にとって分の悪いような内容であるが、これが意外にも合意に達した。西里喜行は、つぎのように述べている。

十月二十一日の最終会談に臨んだ沈桂芬らは、日清友好の見地から琉球問題を円満に解決したいと告げて、日本側の分島改約案を基礎として条文化した琉球分割条約案を提示した。（中略）ここに、二カ月余の正式交渉は妥結し、十日後の調印を待つばかりとなる。（四四頁）

ところがこの調印はついに実行されなかった。

二　条約案不成立の通説

植田捷雄は琉球条約案の合意と破綻の事情についてつぎのように述べている。

宛も、琉球條約案成立の頃には、露都に於ける露清の交渉は頗る順調に進み、兩國の關係に平和の希望が持たれて來たのであって、琉球條約案の成立が伊犁事件の影響を受けたと同じく、清國の態度的豹變もまたこれによつて左右せられたものとするのが妥當のように考えられる。（一九三頁）

この主張について、西里は「植田捷雄の見解が通説を代表している」（二六頁）と述べた上で、つぎのように

図2-26　「鷲に載る豚」（『驥尾團子』第67号表紙、明治13年2月11日）＝明治新聞雑誌文庫所蔵

疑問を提している。

しかし、正式交渉が妥結した一八八〇年十月二十一日から調印予定日の十月三十一日までの十日間に、清露関係が緊張から緩和へ急変したという事実は確認されない。（二六頁）

植田捷雄の見解は、伊犁をめぐる清・露間の国際関係の推移が琉球分島改約條約の調印に決定的な影響を及ぼした、とするものである。西里はこれの影響の存在を認めながらも緊張緩和の様相が確認されないと主張し、琉球所属問題については、琉球内部からの清朝への請願などの働きかけが李鴻章などを動かし、分島案が不成立に終わったと主張している。（五八頁参照）

三　伊犁事件

伊犁は「天山山脈の中部北嶺に広がる盆地」（松田寿男、二一四頁）である。伊犁事件について摘記する。

一八七一〜八一年、ロシア軍の清領イリ地方占領によって起こった露清間の紛争。クルジャ事件ともいう。十八世紀中ごろまでに、清は西部蒙古、新疆を征服したが、一九世紀になってロシアが中央アジアに進出すると、一八五一年伊犁通商条約、六〇年北京条約、六二年と六八年の陸上貿易規定、六四年タルバガタイ条約その他の界約によって、国境付近における無税貿易権や国境を定めた。ロシアはこれによって、この地方に特殊の地位を獲得した。（吉田金一、二一四頁）

清国は七五年から左宗棠に命じて新疆回復を行わせたが、七七年ヤクブ・ハンは急死し、七八年イリ地方以外の新疆全域を回復した。そこで清国は崇厚を送り、クリミアでリヴァディアLivadia条約を結ばせたが、これはイリ地方の代償として五〇〇万ルーブルの償金と領土の割譲を認めたので、清国は批准を拒否し、崇厚は死刑を宣告された。このため両国の関係は緊張し、開戦のおそれさえあったが、清国は英仏およびゴードンの勧告によって妥協を決意し、崇厚を釈放し、交渉を再開した。八一年曽紀沢がペテルブルグにおもむき、イリ条約（サンクト・ペテルブルグ条約）を結んで問題を解決した。（同、二一四―二一五頁）

償金九〇〇万ルーブルの支払いと新疆全土をロシア貿易に開放することを約したものである。（同）

崇厚が結んだリヴァディア条約は清国にとって屈辱的な内容であった。「伊犁の地は清国に返還する」が「五〇〇万ルーブルロシアに支払うこと」、「天山超えてその南麓の数百里（清里）の地をロシアに割くこと」、「ロシアは貿易のために自由に天山を旅行しうる事」が約定されていた（西田保、二三九―二四〇頁）。西田は「この条件は一目して理解されるように清国は被害国でありながら、非常に不利」（同、二四〇頁）と評している。

リヴァディア条約後、中国新疆地域は風雲急を告げている。露清両国とも防備を万全に整え、「列国もこれを見て自衛のためと称して、上海に軍艦を集中して暗躍し、英・仏・独・米とロシヤの間に支那分割論が真剣に討議され」（同、二二四頁）る情勢であった。総理衙門の李鴻章は「ロシヤの実力とその強硬態度を見、（中略）英・佛に依頼して、もう一度、外交交渉によって平和裡に解決せんとし、光緒六年（一八八〇年、明治一三年）正月、曽紀沢をロシヤの都ペテルブルグに派すると共に、當に帰国の途上にあった英人ゴルドン（Gordon）に依頼して今回の交渉の助力を求めた」（同、二四四頁）。セントペテルブルグ条約の締結は光緒七年（一八八一年、明治十四年）正月である。

この条約は「リヴァディア条約より有利であったが、新疆をしてその肉を失わせしめた」（同、二四八頁）ものであった。

四　ライオンは様子を窺う

図「和漢の争い」(図2-27)は、日本の「廃藩置県」をめぐる緊張を描く。空の鳥はおそらく鷲であり、ロシアを意味する。屋根上で弁髪をゆらすのは清国、怒りの形相である。向かいの屋根上で清国に相対するのは日本である。清国と日本の間で帰趨を窺うのはライオン(イギリス)である。ベロを出している。

五　魯西亜の脅威

図「魯西亜来襲」(図2-28)は、日本のロシア観を示す。詞書を見る。地口が多用されている。強魯(強いロシア)、北(北、北から来襲する)、逃魯(ロシアから逃げろ)、車輪の回転する擬音語のカラカラを中国の唐にあてている。「おそ魯西亜」は恐ろしやであろう。蜻蛉の立場はつぎの通りである。

図2-27　「和漢の争い」(文明餘音同楽相談、第5号、明治13年2月5日)＝明治新聞雑誌文庫所蔵

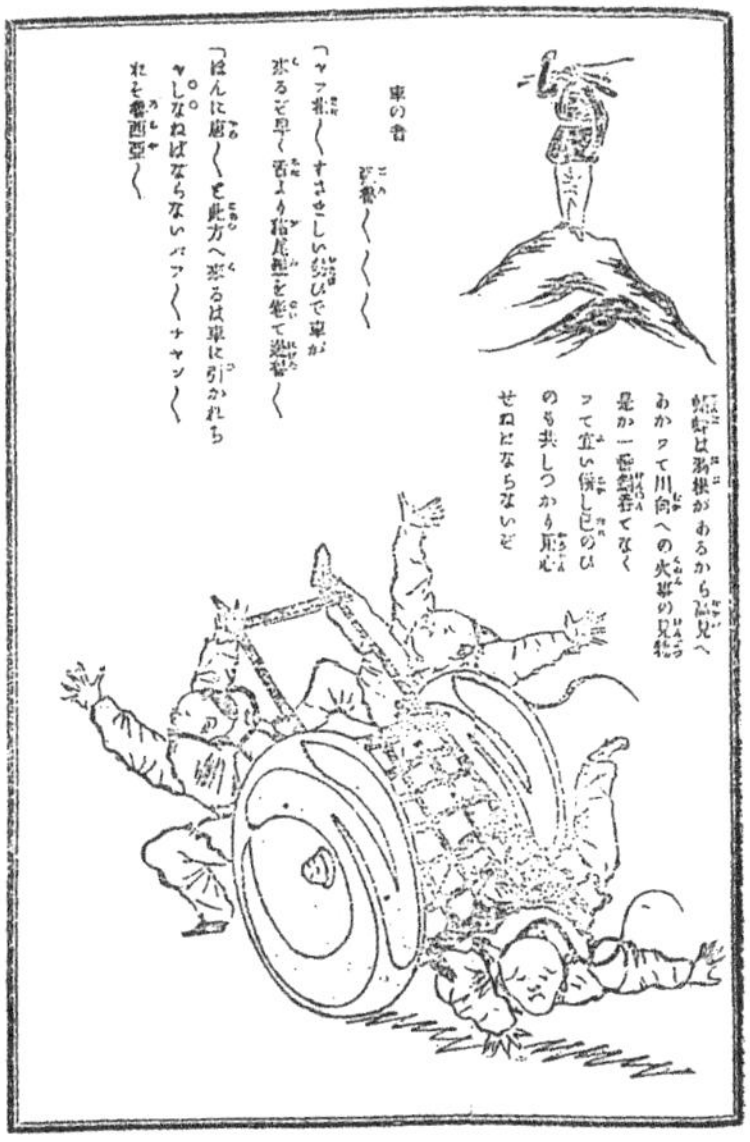

図2-28　「魯西亜来襲」(『轉愚叢談』第13号、明治13年12月13日号)

蜻蛉は羽があるから高見へあがって川向こうへの火事の見物。
これが一番剣呑でなくてよい。
しかし、己の火の元もしっかり用心せねばならないぞ。

伊犁問題をめぐる清露交渉の事態を諷刺している。蜻蛉は日本を表す。また「火の元」は日の本すなわち日本国を意味する。したがって日本の対露警戒を促す寓意を帯びている事になる。ここに琉球問題の片鱗さえ見えない。秘密外交であることの結果である。国民は知らされていない。自分の足元も火がついていることが隠蔽されている。高みの見物と安閑としていられない。日露間には千島・樺太問題があった。両島は日露両国の雑居島であり日本は樺太購入を交渉した。が結局明治八年、千島（日本領）と樺太（ロシア領）の交換条約を結んだ。児島は「当時の内政の混乱に乗じて、ロシアが押しの強さを示したものとしか思われない。」（上、四三六頁）と評している。この領土問題は今なお確定していない。

六　露清談判

図「和木談判」（図2-29）はリヴァディア条約改定交渉の最終局面を諷する。もはやお馴染み、猪が清国、鷲がロシアである。和木談判（和睦談判）の義は決裂の様相である、と見られている。実際には二月一四日に目出度く調印が整っている。曽紀沢をロシアに派遣した清は、新疆に展開していた軍隊を引き下げ、また対露強硬論者の左宗棠を「京備顧問に任じて入京を命じた」（二四五頁）のであった。曽紀沢が交渉中に不測の事態が起こることを慮ったからである。

一方、伊犁に軍を集結し、渤海あたりに軍艦を遊弋させたロシアも国内情勢は開戦を躊躇させる状況にあった。すなわちベルリン会議の大敗とこれに伴う民心の動揺である。矢野仁一は「ロシアも必ずしも支那との開戦を望まなかった。敷千（ロシア）里に亘る長い國境線の防備費は莫大であり、また伊犁における戦局に利用し得るべき兵力も、到底左宗棠等の大軍に比すべくもなかった。海軍は勝算があっても、陸軍の必勝は期し難かった。」（八五一頁）と述べている。こうして伊犁条約（ペテルブルグ条約）は成った。詞書に「八〇〇〇万テール」をとらんと記されているが、九〇〇万ルーブルの占領賠償金を支払うことが約定されていた。

おわりに

植田捷雄は「露清交渉の好轉に伴い、清朝重臣の間に琉球條約反対、調印延期の議論が擡頭し、清廷は俄に騒然となった」（一九三頁）と述べたが、西里が指摘するように調印予定日前後に緊張緩和の急変は確認しえ

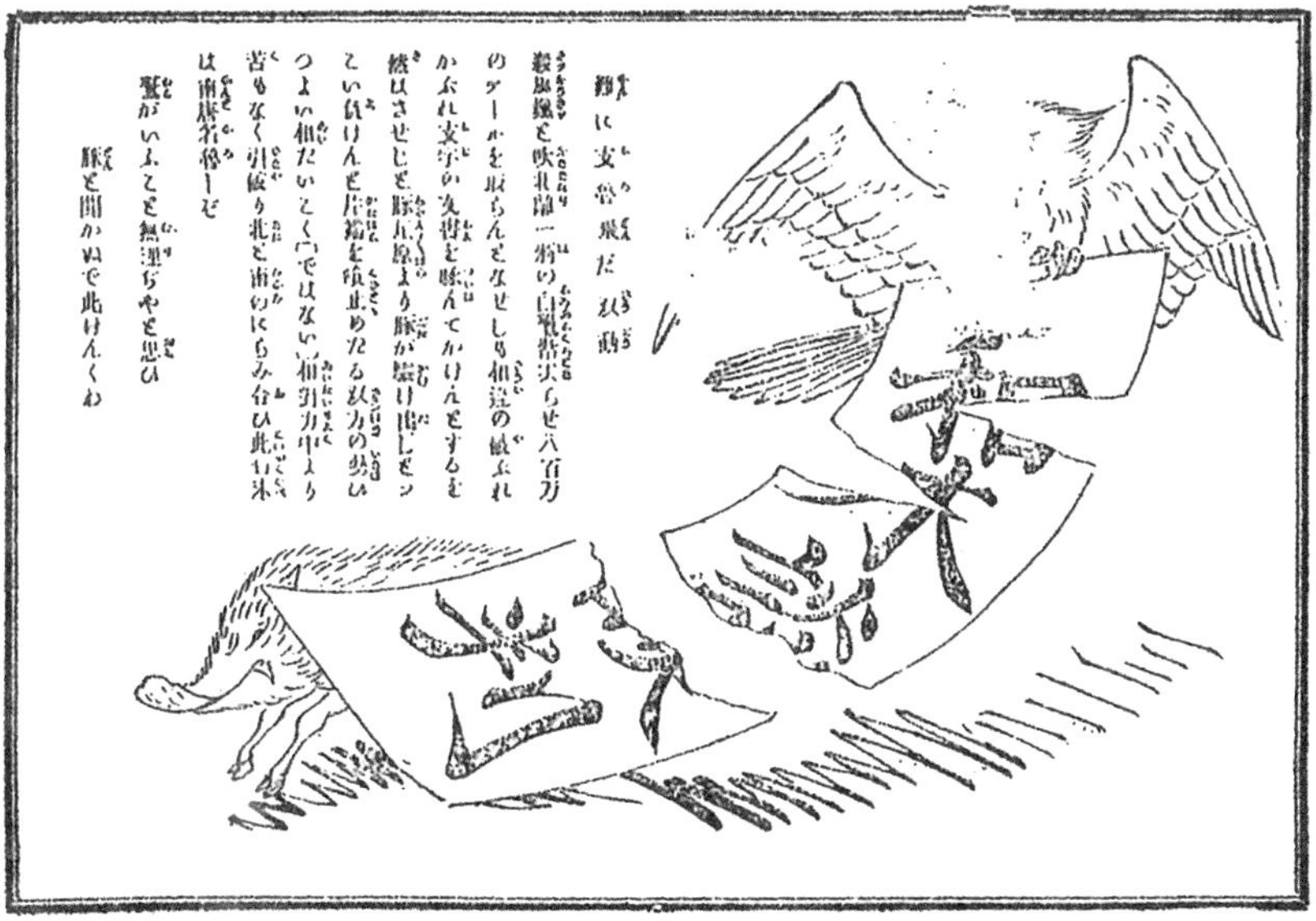

図2-29　「和木談判」（『轉愚叢談』明治14年2月13日号）＝明治新聞雑誌文庫所蔵

ない。伊犁条約の調印が分島改約条約の締結の時期より前であれば、あるいは植田捷雄の説は有効であると考えられるが、既に述べたように分島改約条約の調印予定日は一八八〇年一〇月、伊犁条約の調印は越年して一八八一年の二月である。

琉球の帰属については、少なくとも日中間に正式の確定条約はないようである。

参考・引用文献

川又　一英　一九九九『イヴァン雷帝』新潮社。

児島　襄　一九九二『初代総理伊藤博文』上、下　講談社。

松田　寿男　一九六〇「クルジャ」下中邦彦（編）『アジア歴史事典』第三巻　平凡社　七二。

一九六〇「伊犁」下中邦彦（編）『アジア歴史事典』第三巻　平凡社　二一四。

西田　保　一九四二『左宗棠と新疆問題』博文館。

西田　喜行　一九九二「琉球処分交渉とその周辺」琉球新報社（編）『新琉球史』近代・現代編　琉球新報社　二三一―六二。

植田　捷雄　一九五一「琉球の帰屬を繞る日清交渉」『東洋文化研究所紀要』（東京大学）第二冊　一五一―二〇一。

矢野　仁一　一九四〇『近世支那外交史』弘文堂書房。

吉田　金一　一九六〇「伊犁事件」下中邦彦（編）『アジア歴史事典』第三巻　平凡社　二一四―二一五。

第三章　明治初期における日本人の「琉球」観

はじめに

明治初期の一般市井の日本人の「琉球観」はどんなであったろうか。鎖国下の江戸時代を通じて、おそらく「江戸上り琉球使節」に関わる「琉球人行列」の実見や関連図録、錦絵の類で「琉球観」は形成されたであろう。

本章は、明治初期、琉球の帰属をめぐっての、主に滑稽諷刺雑誌に描かれた日本・琉球・中國の三者関係を通して、日本人の「琉球」観を探る。

一　琉球・中国・日本、交渉略史

琉球は一三七二年に明国へ入貢、ここに「冊封体制」が始まった。一六〇九年の島津襲来により、明そして後には清との冊封関係を継続しながら、薩摩の附庸国として、幕府の認知のもと、「異国」の地位を存続してきた。日本・中國の両属体制である。明治維新後、その地位に変化が生じた。琉球における廃藩置県、すなわち琉球処分である。これによって五〇〇年余におよぶ中國との冊封関係は終焉した（表一参照の事）。

「琉球処分」とは、端的に言えば、明治一二年に明治政府によって断行された琉球藩における「廃藩置県」を意味する。琉球王国を日本の版図に組み込む過程であった。

表1　琉球・中国・日本交渉略史年表

1372（洪武5年）	明・洪武帝「琉球」に入貢を促す 琉球・中山王察度、明の招諭に応えて入貢す ［冊封体制］始まる
1441（嘉吉1年）	島津忠国・足利義教より「琉球国」を賜る
1609（慶長14年）	島津・琉球侵入 幕府・琉球を島津の所管とす
1854（安政元年）	琉米修好条約締結
1855（安政2年）	琉仏和親条約締結
1859（安政6年）	琉蘭和親条約締結
1866（同治5年）	琉球王・尚泰、清国より冊封される
1871（明治4年）	廃藩置県 日清修好条約・通商協定締結 台湾における琉球島民遭難事件（台湾出兵の因）
1872（明治5年）	天皇への慶賀使派遣、「廃国置藩」 琉球国王・尚泰、「琉球藩王」に封じられる
1874（明治7年）	明治政府、琉球藩の西洋諸国（米・仏・蘭）との条約正文を外務省に提出せしめる 台湾出兵（都督・西郷従道） ウェード調停 日清互換条款調印 （台湾生蕃曽て日本国の属民等を将って妄りに害を加え） 明治政府・琉球藩を外務省の所管から内務省へ移管
1875（明治8年）	松田道之琉球派遣（第1回） 1.清国への朝貢、慶賀使の廃止 2.清国よりの冊封の差し止め 3.明治年号の使用
1876（明治9年）	対清断交指令（木梨精一郎） 清国渡航には内務省出張所の許可を要することの布達 救国嘆願密使を清国に送る（幸地親方）
1878（明治11年）	何如璋「琉球問題」（朝貢阻止）につき明治政府に抗議 在京、米・仏・蘭各国公使に密書提出（毛鳳来、馬兼方） （仏、蘭は即時拒否、米は検討を約束） 松田道之琉球派遣（第2回）
1879（明治12年）	琉球処分官・松田道之琉球派遣（第3回） 「琉球処分」（琉球藩における廃藩置県） 明治政府、琉球藩を廃止、沖縄県を置く 松田道之、首里城を接収 （警官160余名、熊本鎮台分遣隊400名） 木梨精一郎・沖縄県令心得 鍋島直彬・初代沖縄県令 清国、廃藩置県に抗議 明治政府・内政上の都合と回答 グラント調停
1880（明治13年）	改約分島交渉（琉球分割条約）問題（締結直前破約）
1894（明治27年）	日清戦争
1895（明治28年）	日清講和条約調印（台湾割譲）

安良城盛昭は「琉球王国」の日本社会への包摂について、つぎのように述べている。

　島津の琉球征服という、「琉球王国」の日本社会への政治的包摂は、実質的な経済的包摂を徳川期に必然化し、これを基盤に、「琉球処分」は、琉球の全面的な日本国家・社会への政治的・文化的包摂を、上から他律的＝強制的に完了したのである。[1]

安良城盛昭は、琉球藩における廃藩置県の特質の一つに、「版籍奉還がないこと」[2]をあげ、「明治政府の軍事力・警察力の行使による弾圧によって、琉球藩庁主流の反抗をおしきって強行された」[3]という。松尾正人は、「版籍奉還の大義名分に王土王民思想が掲げられていた」[4]と述べ、「版籍奉還は、薩・長両藩が指導権をとって進め、土佐・肥前両藩を加えて土地・人民の返上を願い出るという形式をとった」という。[5]各藩には、瓦解した幕府に代わって、版籍奉還によって王臣に列したいという思惑があった。松尾は諸藩に「王臣として新しく領主の地位を保証されたいという願望があった」[6]という。

　しかし、琉球王国にあっては、経済的には幕藩体制に包摂されていたとしても、王権は幕府から封ぜられたのではなかった。したがって、征夷大将軍として幕府を権威づける「天皇」とも無縁であった。ために、版（土地）、籍（人民）が天皇に返上されるという思想はない。ところで、明治政府は版籍奉還の上表を提出しない藩に対して、その奉還を命じている。[7]この過程を経て、挙藩一致の版籍奉還がなされたのであった。廃藩置県は琉球藩の意志ではなかった。また「沖縄」と称する県名も、琉球側の選び取ったものではなかった。『東京日日新聞』は、「夫レ琉球ノ滅ルヤ廃藩ノ今日ニ滅ルニアラズシテ置藩ノ五年ニ滅ル者ナリ」（明治一二年四月八日）と論評していた。

明治政府は、明治五年、琉球国王に「琉球藩」の置藩を宣する。これは琉球王国の「廃国」を宣するに等しかった。この時、琉球国王・尚泰は、「藩王」に封ぜられた。ここで注意したいのは尚泰が「藩主」ではなく「藩王」とされたことである。この「廃国置藩」は、廃藩置県への布石であった。

天皇から藩王に封ぜられることによって、藩王が土地、人民を領知する権利の根拠となし、また廃藩置県により、土地、人民は天皇に返上される、という過程が踏まれたと考えられる。明治政府は、琉球に対して「清国への進貢の禁止、慶賀使派遣の禁止、明治年号の使用、藩王の上京、等」[8]を命じるが、置藩以後も依然としてこれは遵奉されなかった。

進貢を止めることは、琉球にとって一三七二年以来の冊封体制の崩壊を意味する。日本にとっては、進貢を許したのでは、琉球の版図化の実が上がらない。

貢米、貢糖を薩摩藩に収め、薩摩の属領化していたとはいえ、琉球は米・仏・蘭と「条約」を締結することのできる一国なのであった。藩王の密命によって幸地親方は、琉球を脱出渡清し、日本政府が清国進貢を差し止めている事実を清国に通じた。[9]

また東京にあっては、在京琉球藩吏の富川親方、与那原親方らは、清国公使・何如璋に嘆願、また条約締結国、米・仏・蘭の各公使に琉球の窮状を訴えた。[10]「琉球事件」として、にわかに国際問題化の様相を呈し始めたのであった。

廃藩置県後も、琉球の旧支配層は日本政府への帰順を潔しとせず、日本と清国の間にも琉球帰属をめぐる問題の紛議は続き、結局日清戦争の終結を見るまで、琉球帰属問題は決着しなかった。

二　旧藩王の上京

旧藩王・尚泰は、病気を理由に上京延期を願い、その嗣子・尚典を上京させた。

廃藩置県後、明治政府のとった処置の一つは、旧藩主を東京居住させる事であった。この政策は、琉球藩においても例外ではなかった。「琉球処分」策に、旧藩王・尚泰の上京がふくまれていた。すなわち、

尚泰

御用有之至急出京可致候事

明治一二年三月十一日

太政官(11)

しかしながら、国王の上京は、琉球に新たな国難を招来する危惧の念を抱かせた。慶長一四年、島津の襲来により、薩摩の虜となって召し連れられた尚寧王は、霊社起請文を強制的に提出させられ一五条の掟を押しつけられ、琉球は薩摩の属国になるという屈辱を嘗めさせられているからである。尚泰の上京は何としても阻止すべきであった。

かくて、尚泰病気を理由に、尚典が言わば人質として上京する事になったのである。案内は侍従富小路敬直。「廃王子上京の図」(図3-1)の、菊花紋は言うまでもなく朝廷を表す。御殿は雲が棚引いている。先導するのは内務卿伊藤博文、そして侍従富小路敬直である。伊藤博文こそ、暗殺された大久保利通の後を継ぎ、松田道之の素案を元に、琉球処分断行の策を三条実美に上申した人物である。

『有喜世新聞』は「中城王子尚典君ハ昨日午前十時赤坂假皇居へ参内せられ伊藤参議官内大輔がご案内にて

謁見の後賢所の参拝を命ぜられ」（明治一二年五月六日）と報じている。

詞書きで尚典に「アノ結構な處へ往くハ嬉しいがこれから伯父さんの様に散髪になって袖のない羽織やぱっちを穿くのが嫌だ」といわしめている。琉球の天皇の御陵威への恭順を確認し、文明開化を嫌う琉球の頑迷固陋さを揶揄している。

三　琉球イメージの爆発

「古銅人像の図」（図3-2）は、琉球印のオンパレードである。古銅人（コロッサス）は、頭に二本挿しの簪、右手に芋、左手に泡盛の壷、背には涼傘を背負っている。裸一貫、持ち物といえばそれだけである。これが明治初期の「琉球」観である。

この巨像は、日の丸と三角旗の国土に、片足ずつ置き、踏ん張っている。つまり、日清の両属である。日の丸＝日本は、対岸側の古銅人の足首に縄をかけ、陸上と海上から牽引している。旗は右にたなびいている。日本側に

図3-1　「廃王子上京の図」（『我楽多珍報』明治12年5月16日）＝明治新聞雑誌文庫所蔵

図3-2　「古銅人像の図」（『團々珍聞』明治12年5月24日号）＝明治新聞雑誌文庫所蔵

とって追い風が吹いている。大変な速度で東に移動している。古銅人（琉球人）は日本の版図に組み込まれつつあるのである。

清国側は静観の様である。ただし、実際には清国から抗議が来ており、明治政府は「内政上の都合」と答えたりしている。[12] 詞書きは「掛念前二百廿四年とかや此島へ大きな鯰が渡来にて島中大地震がオッ始松田ユへ偶像モ瓦落瓦落崩れて王騒ぎ」としている。どうやら、島津襲来と松田道之の来琉を重ねているらしい。島津襲来が幕藩体制への編入への序曲とすれば、松田道之の来琉、つまり琉球処分は天皇制国家への併合の始まりであった。

四　忘恩の民

琉球の不遵法に対して、日本は機嫌とりに努める。しかもそれはパターナリズム的な言辞を弄してである。松田道之は概ね次のように告諭する。

今般琉球藩ヲ廃シ更ニ沖縄縣ヲ被置タルニ付テハ今後如何様可成行ヤト苦神ノ者モ可有之因テ其主意ノ大略ヲ告示セントス抑モ此琉球ハ古来我カ日本国ノ属地ニシテ藩王始メ人民ニ至ル迄皆ナ共ニ本邦天皇陛下ノ人民ナレハ其政令ニ従ハサル可ラス然ルニ明治八年五月二十九日同九年五月一七日本年一月六日ヲ以テ御達ノ御主意有之處藩王ニ於テハ其使命ヲ奉セス不遵之奉答書ヲ呈シタル段實ニ難被差置次第ニ立至リ理勢不得止遂ニ今般ノ御処分ニ相成リタリ然レ共舊藩王ノ身上及ヒ一家一族ニ於テハ優待ノ御処分ヲ以テ将来安堵セシメ且土民一般ノ身上家禄財産営業ノ上ニ於テモ苛察ノ御処分無之勉メテ舊

来ノ慣行ニ従フノ御主意ナルノミナラス却テ舊藩制中苛酷ノ所為又ハ租税諸上納物等ノ重斂ナルモノハ追テ御詮議ノ上相當寛減之御沙汰有之ニ付世上ノ流言風説等ニ惑ハスシテ各自ノ家業ヲ相勵ムヘシ此ノ旨洩告諭スルモノ也（『琉球所属問題関係資料』第七巻「琉球処分　下」本邦書籍、一七四～一七五頁）

明治八年以来明治政府は、琉球藩へ清国への朝貢の禁止を命じたが、それが遵奉されない。このような朝廷への不遵奉にも拘らず処分は穏便に済まされた。旧藩王らの身分、将来は安堵せられ、旧支配層の家禄は保証され、一般人民には減税も施される筈だ。このような特別のパターナリズムを施しているのに、恭順しないのは忘恩の民だというのである。

五　「琉球」観

廃藩置県断行前後には、琉球に対するネガティヴ・キャンペーンがなされた様である。『團々珍聞』はつぎの記事を掲載している。

本願寺の坊的が琉球へ御有難の得意を殖やしに往きたれば之を拒み其上嶽へ投たと云が定めし其のお坊ハ開化ぶって靴でも穿いて往ったのだらう彼奴等ハ頑固で根性悪だから古風に草鞋でも穿いて往なければ信向しないと云うゆえどう云う譯かと聞きしに夫れ例の歌に何と云っている。スッチャンスッチャン。スッチャンチャンチャン。

琉球へおじゃるなら草鞋はいておじゃれ琉球ハ意地悪小意地わる。支那流や誉々然て頑々だからだと

（明治一一年二月一六日）

琉球人は「頑固で根性悪、意地悪」という流行歌があった事が知られる。『我楽多珍報』も「琉球ハ意地悪古習な奴、いけなきゃ撃て撃て」と風刺画に詞書きしている（明治一二年二月二一日）。文化も遅れているという。靴は文明開化であり、草鞋は未開という発想である。

『朝野新聞』は、明治政府が「琉球人民ノ愚蒙ヲ憐ミ之ヲ漸次ニ化導スルノ政畧」（明治一二年四月五日）を持していた事を論じている。

『東京新誌』は、琉球人をつぎのように評している。

琉球島民ハ以テ㆓頑固舊習ヲ㆒為シ㆓琉球無雙之名産㆒以テ㆓怯弱懶惰ヲ㆒為シ㆓世界無比之株式㆒（明治一二年四月一二日）

『驥尾団子』は、つぎのように沖縄県見聞記を載せている。

到底叢爾たる一小國の一孤島なれバ舊弊頑固も自然矮小固着として容易に開化の躰面を表すとハ見えず去れば留舊と書くも一理あるべし

土民は未だ棺髪鈿頭にして断髪する景況ハ見えず偶々断髪を奨励れどもどんな御世話ハ沖縄にして舊王の為に立てし真鍮をお察し下されと云えり（明治一三年二月一一日）

我部政男は、つぎのように述べている。

琉球処分に対する政府の態度には頑陋な沖縄人を「文化ノ域に誘導」しようとする意識がきわめて濃厚である。この意識の基底には、政府は自己を階級的に優越者として、沖縄人は保護・指導されるべきだという、いわゆる愚民観も流れていたことも否定できない。(13)

そうだとすれば、明治初期の日本人の官・民の「琉球」観は期せずして一致していたことになる。沖縄は日本の内なる「異国」、未開の地、沖縄人は非文明人なのであった。

しかし、この「愚民」観の対極的な思想もなかったわけではない。『東京繪入新聞』はこう報じている。

沖縄県には現今でも我本国の下等歌人などは迚も及ばぬ歌人があり升(近頃其土人[とちじん]の歌を集めて沖縄集と云書が出来)那覇地方の在々には日本の古事や雅言が多く止り日本の事情の通じ日本を慕ふ心の深き物古来変わらず生中の国学者が渠等を軽蔑り却って恥辱を受けし者もあるよし(明治一二年四月二〇日)

また、自由民権派の新聞『近時評論』はつぎのように論じている。

我日本人民タル者ハ深ク彼ノ心情ヲ憐察シ之ニ接スルニ親愛ヲ以テシ之ニ交ルニ軽侮ノ念ナク爾来沖縄県民ハ我々ト同ジク日本政府ノ治下ニ在ル良民ナレバ同胞兄弟ニシテ他国人ニ非サルノ意ヲ記念シ苟モ交際上ニ奴隷是レ視ル等ノ事ナカランコトハ吾人ノ深ク世人ニ向テ冀望スル所ナリ(明治一二年四月一三日)

しかし、この論旨を裏返せば、すなわちそれが「琉球＝沖縄」観であったであろう。明治一二年、風刺雑誌『團々珍聞』に現れた琉球および沖縄について、読者の投稿を通して眺めてみよう。そこに現れた主題によって「琉球」観の一端が明らかにされるであろう。主題を泡盛、芋、畳表、親方にまとめた。また直接的には「琉球」と「沖縄」を取りあげた。琉球藩の廃藩置県は、明治一二年四月四日付けで太政官布告された。この日付けに気をつけて読まれたい。

泡盛

泡盛屋の親方此の節お前ハ各国の公使館へ寄付を頼んで釈奠祭を催すと言うことだが手前の家の先祖ハ鎮西八郎為朝の子じゃあねへか釈奠祭より大神宮を祭らッしかんな首里も尚泰もないことをすると琉球表の上に楽隠居をさせてハ置かねへぞ（一月二五日）

ここでは泡盛そのものが主題ではない。泡盛屋で琉球藩を象徴的に表現しているにすぎない。在京の琉球藩吏（親方〔ウエーカタ〕の身分の上士）が、米・仏・蘭の日本公使に琉球救国嘆願の密書を送った事件の諷刺である。清国に朝貢するのではなく天皇に帰順せよというのである。

親方ハ泡盛に酔いけんに負け（四月二一日）

廃藩置県がなったので、琉球の旧支配層（親方）の敗北は明らかである。「けん」は「県」である。

芋

芋相場まづ極まったで胸を撫で（五月三日）
芋畑ハ掘っても今に根がのこり（五月二四日）
芋畑へ番小屋をおき縄を張り（五月三一日）

琉球は芋の産地である。琉球芋である。「相場が極まる」とは、廃藩置県の事業が終了した事を意味する。しかし、面従腹背、旧支配層の間には不満がうず巻いている。だから「根がのこる」のである。そこで、鎮台を設営、兵士を駐留させている。

沖縄

結んだ約ハわすれて沖縄の右や左へよれもつれつる（二月八日）
モシお琉さん扶桑應な否だなどと余り我侭を支那さると呑サ直に沖縄を立てられるから大きなお首里の出やせぬかと按司升（二月八日）
沖縄へ鯰のたねが出来はじめ（五月一〇日）
支那に困ったら腕前出して取らねバ沖縄せぬ権利（五月二四日）
名に負へる沖縄なれハ島人のもつれぬ様に取り締まるらん（五月三一日）
唐いとハ沖なハ縞を織りそこね（六月二八日）

沖縄の、「縄」に連想した狂句である。「按司」は旧支配層をなす。最後の句は、清国の無念を織り込んでいる。

親方

親方ハ餘所へおか支那頼み状（二月一五日）
華士族になって親方よろこばず（六月二一日）
松田の料理おやかたハ苦い顔（六月二一日）

「親方」は琉球王国の位階のひとつ。上位から順に、王子、按司、親方、親雲上（ペーチン、と読む）、里之子（サトゥヌシ、と読む）、筑登之（チクドゥン、と読む）などがある。「親方」は大臣に相当する。そのような高官を、市井のオヤカタ視することによって、揶揄、軽侮の念を強調している。

「おか支那頼み状」は、外国公使への密書事件である。廃藩置県後、旧支配層の上層者は華族に直っている。「松田」は処分官・松田道之である。

畳表

琉球に縁を付けたで巾が出来（三月一五日）
琉球の表そろそろすれがみえ（三月二一日）
琉球の畳のほつれなはになひ（四月二六日）
琉球のおやかた畳み職らしい（五月二四日）
畳屋ガ閉店引キ越シテお気の毒（六月二一日）

琉球の畳ハしみのぬけぬやつ（一一月二二日）

「琉球」は、地名と共に「琉球表」を意味する。畳表である。その畳表に引っかけての狂句である。いずれも廃藩置県を諷し、最後の句には、清国の影が払拭できない苛立たしさが見え隠れしている。

琉球

琉球の強い弱いもしな次第（二月八日）

琉球事縣に士族が脱縣（三月一五日）

琉球のあたまハ今も二本さし（六月二八日）

「脱沖縄／脱琉球、渡清」略して、「脱清」という。明治政府の対琉球政策に不満の士族が清国に脱出、琉球救国嘆願を行った。これが「脱縣」とされている。

また、「二本さし」は廃藩置県後、文明開化の御時世に未だに簪を挿していることを嗤っている。琉球では簪を二本挿しにした。男女上下の区別なく簪を用いた。

男性が簪を使用する事は、琉球が未開であることの証左となったに違いなかろう。

おわりに

日清戦争の戦勝により、日本は台湾を取得した。明治政府は台湾経営に乗り出す。廃藩置県以後の沖縄経営はどうなっていたであろうか。野口勝一は、「琉球は殆ど化外の民たるが如し」[14]と評言している。さらに「蓋し文明の政治は文明の民に施すべし蒙昧未開の民に向ては一度は大鉄槌を下し陋弊を打破して然る後に開導誘掖して自治の民に躋らしめざるべからず琉球を改革する今は實に其時なり」[15]と主張している。

廃藩置県以後、日清戦勝までの期間、沖縄県では首里王府の旧慣が存置された。つまり藩制の改革は手つかずのまま推移してきた。「愚民」を「温存」する日々だったのである。野口の主張は為政者の「愚民」政策を正当化するものであろう。

「愚民」とは、文明開化の新時代に趨勢に乗れない、古い慣行を墨守する頑迷固陋の民の謂いである。これが明治期における日本人の「琉球」観である。

【注】

（1）安良城盛昭　一九八九『天皇・天皇制・百姓・沖縄』吉川弘文館　二〇九頁。

（2）安良城盛昭　一九八〇『新・沖縄史論』沖縄タイムス社　一七四～一七五頁。

（3）同一七五頁。

（4）松尾正人　一九九〇『廃藩置県』中央公論社　三八頁。

（5）同三五頁。

（6）同三七頁。

（7）同四八頁。

（8）『琉球所属問題関係資料』第六巻「琉球処分　中」本邦書籍　五一～六八頁。

（9）同三九四～三九八頁。
（10）同四二四～四二八頁。
（11）『琉球所属問題関係資料』第七巻「琉球処分　下」本邦書籍　一六四頁。
（12）『琉球所属問題関係資料』第八巻「琉球所属問題　第一　第二」本邦書籍　二八二～二八七頁。
（13）我部正男　一九七九『明治国家と沖縄』三一書房　二一四頁。
（14）野口勝一　一八九五「琉球」（『太陽』明治二八年八月号　八六～九四頁）九三頁。
（15）同。

参考資料

［滑稽諷刺雑誌］
『團々珍聞』『驥尾團子』『我楽多珍報』『妙々雑俎』『人間萬事與し餘誌』
［新聞、等］
『近時評論』
『東京繪入新聞』『朝野新聞』
『東京日日新聞』
『東京新誌』
『有喜世新聞』

参考文献

岩波書店編集部　一九六八『近代日本総合年表』岩波書店。
又吉眞三（編）　一九八八『琉球歴史総合年表』那覇出版社。
歴史学研究会（編）　一九九〇『新版日本史年表』岩波書店。
新里恵二・田港朝昭・金城正篤　一九九一『沖縄県の歴史』山川出版社。
安岡昭男　一九八〇『明治維新と領土問題』教育社。

第四章　「台湾処分」

はじめに

明治七年の台湾出兵は、近代日本初の海外派兵であった。派兵の理由は、明治四年に琉球王国の領民が台風で台湾に漂着、現地人に殺害された事件への問責を企図したものであった。伊藤久昭（一八七四）は、つぎのように記している。

抑此ノ臺灣役ヤ過ル年我琉球人海上難風ニ逢ヒ蓄地ニ漂着セシ時乗組ノ者数人殺セラレタルニ因リ其ノ罪ヲ問ント欲シ

この派兵については、岸田吟香が日本初の従軍記者として『東京日々新聞』に、戦況・台湾の風俗習慣その他を絵入りで通信し、『ＪＡＰＡＮ　ＰＵＮＣＨ』も多数の風刺画を掲載、同誌を模範として創刊された神奈垣魯文の『繪新聞日本地』も関係の風刺画を載せた。

本章は、「台湾処分」が風刺画にどう描かれたかを検討する。

一　台湾事件

明治初期における日本の台湾出兵の顛末を、伊藤潔（一九九三）は次のように記している。

日本が明治維新以後、日清両属の琉球の処置を苦慮し、また台湾にも食指を動かしていた頃の一八七一年に、琉球の宮古島の住民六六名が台湾南部に漂着し、五四名が牡丹社（部落）の先住民に殺害され、残り一二名は保護されて辛うじて帰国するという「牡丹社事件」が起こった。日本政府はこの事件を利用して、琉球に日本領有確認と台湾進出を同時に果たすことをもくろんだ。（五五〜五六頁）

日清両国の間に「北京専約」が結ばれ、清国は日本に五〇万両を支払い、日本は台湾から撤兵することが確認された。そして琉球の帰属に関しての明確な規定はないが、清国政府が日本の台湾出兵を国民保護の「義挙」と認め、遭難被害者の遺族に弔慰金一〇万両支払うことが合意された。台湾の一部を占領する目的こそ実現しなかったが間接的に琉球の日本帰属を清国政府が認めることになったのである。（五七〜五八頁）

清国は日本の台湾出兵を「保民の義挙」とし、正当な行為であると認めた。この時の日本は「互換条款」中に、

台湾生蕃曽て日本国の属民等を将って妄りに害を加

という一文を挿入することに成功した。これによって、琉球が日本の属領であることを清国が認める形になっ

たのである。全権弁理大臣として交渉に当たったのは大久保利通である。

二　琉球帰属問題

日本の明治政府は、一八七二年（同治一一年、明治五年）琉球王国を廃して、琉球藩とし、琉球王・尚泰を藩王に封じた。「藩主」でなく「藩王」であることに注目されたい。これを「廃国置藩」と呼ぼう。

この「廃国置藩」に先立つ一八六六年（同治五年、慶應二年）、尚泰王は中国（清国）より冊封されていた。いわゆる日清両属の形態である。一三七二年（洪武五年）に中国（明国）と琉球国の間には「冊封—朝貢」体制が始まっている。

一六〇九年（万暦三七年、慶長一四年）琉球王国は島津襲来により、薩摩藩の支配を受けるようになった。ただし中国（清国）との「冊封—朝貢」体制は維持されたままであった。両属の始まりである。

ところが一八七五年（光緒元年、明治八年）松田道之を琉球に遣わし、一、清国への朝貢、慶賀使の廃止、二、清国よりの冊封の差し止め、を命じる。

翌一八七六年、琉球国の幸地親方は渡清し、救国嘆願密使となる。一八七八年、清国公使・何如璋は日本の「朝貢阻止」に対して抗議をする。

一方、日本は一八七九年、琉球に対して「廃藩置県」を断行、沖縄県とし、琉球を日本の版図に入れてしまう。清国はこれに抗議をしたが、日本は「内政上の都合」と答え、取り合わなかった。同じく一八七九年、李鴻章は米国のグラント将軍に琉球所属問題に斡旋を依頼、琉球分島を含む条約が締結するかに思われたが、締結直前に破約となった。清国は露国と係争中であった「伊犁」問題が解決し、日本との間に交渉の興味を失ったかに見える。こうして琉球所属問題は、日清戦争終結で「自然解消」するまでくすぶり続けた。

三 「征台」の出師

大久保利通・大隈重信の起草の「台湾蕃地処分要略」が朝議に附され（明治七年二月六日）、閣議はこれを承認し、陸軍中将西郷従道を「台湾蕃地事務都督」とし、「征台」が敢行された。木戸孝允は「征台」に反対し、また英・米の公使もこの遠征に抗議した。イタリア、ロシア、スペインも抗議に加わった。慌てた日本政府は出発延期を命じたが、西郷従道はこれを振りきって出発せしめた。

豊田穣（一九九二）は「台湾蕃地処分要略」を「侵略計画」と述べ「征台によって、不平士族を満足させ、国内の不満を外にそらせる」（四三七頁）政策だとしている。清沢冽（一九四二、一九九三）も既に「台湾征討の意味は膨張力を内に貯えた明治の新日本が、南へ伸びるための一段階であった」（三二五頁）と述べていた。

四 牡丹畠の怪

図４‐１は「牡丹畠の開墾」である。中央の軍人は都督・西郷従道で、河童面である。河童は破壊と創造の象徴である。

琉球人を殺したのが「牡丹社」と呼ばれる村落の台湾人だったことにちなみ、画題は「牡丹畠の開墾」となっている。画の左にボタンの群生を描き、花は豚顔である。「うっかり寄ると食い殺されそうな口だぞ」と詞書きされているので牡丹の危険性が示されている。それを「この種は良くないから引っこ抜いてこっちの草種を植え替えさせよう」と軍人は農民に指示している（詞書は意訳した）。牡丹を植え替えるとは台湾植民を意味する。日本政府の意図は国民に周知のことだったかに見える。

宮國文雄はつぎのように述べている。

宮古島民の台湾遭難は、日本政府に絶好の口実を与えたことになる。政府の口実には琉球国を日本の領土として全世界に宣言する役割があり、さらにあわよくば台湾の領有にもその食指を延ばしていることが伺える（一〇二頁）。

このたびは、日清は干戈《かんか》を交えないで済んだが、その二〇年後の一八九四年に日清戦争が勃発する。

台湾出兵の前年（明治六年）、日本は台湾事件につき清国からつぎのような口頭の回答を得ていた。

蕃民には生蕃と熟蕃の二種あり、王化に服したのを熟蕃といって府県を置き治めているが、服従しない生蕃は化外に置いて理蕃せず（安岡昭男、一九八〇、一一八頁）

図4-1　「牡丹畠の開墾」（『絵新聞　日本地』2号、1874年）
＝明治新聞雑誌文庫所蔵

牡丹社はいわば化外の民である。「野蕃」ということになる。牡丹社を牡丹の花に譬えれば、これは野生種ということになる。だから「この種はよくないから」とされるのである。この牡丹の花輪はしかし、花らしくなく豚面なのである。豚の原種は猪である。したがって野生の豚は猪であり、豚面と見えたのは実は猪だったのである。ところで牡丹には「猪肉」の義もある。そこで、次のような連想の連鎖が想定できよう。

牡丹社→牡丹→猪肉→猪→勇猛→生蕃

「うっかり寄ると食い殺されそうな口」と詞書きされているのは、「生蕃」への恐れの表現であろう。その恐れは百姓が大口を開けていることからも想像できる。しかし、軍人の人間離れした河童面の呪術的な装飾によってこれに対抗している。ちなみに、台湾派兵の因にされた琉球民遭害事件では、五四名が馘首されている（又吉盛清、三二三頁）。首狩りである。つまり「牡丹の色を何に喩えよう」とされる背景には血の色が隠されている。牡丹花の色は深紅である。深紅の血の色であろう。

「こっちの草花を植え替えさせよう」とは植民の意図を表しているのかもしれない。事実、日清戦争後の台湾割譲により明治政府は先住民の土地を無主の地と見做し、彼らを強制的に「集団移住」させているのである（近藤正己、一九九二）。つまり、植え替えである。しかし、植え替えさせたにしても、多大な犠牲を伴ったであろう。この派兵で戦死したのは一二名であるが、病死者は五六一人を数える。出征人数三六五八人の約七分の一に達している。この地には暑熱など過酷な気候風土がある（清沢、一三一頁）。

それにしても清国は泰然自若、牡丹の「花は花だ」とうそぶいている。

五　藪をつついて蛇を出す

台湾事件の処理を巡る日清間の交渉は明治六年、特命全権大使として外務卿・副島種臣に始まる。この間、清国側に「化外」発言があり、これを機に台湾派兵がなされた。清国は台湾を熟蕃と生蕃に分け、前者を清の支配に属するもの、後者を王化の及んでないものとした。琉球人が遭害した台湾人は生蕃であった。そこで、明治政府はそこを無主の地と見做し、派兵の口実にしたのである。しかるに、この派兵に対して清国から抗議が起こった。清国側の資料にはつぎのようにある。

日本ノ初志ハモト生蕃ヲ無主野蛮トシ、一意徹底ヲ期シタルモ、清国之ヲ属地ナリトシ自ラ弁理セントシタルヲ以テ（清沢、一九九三、一二五三頁による）

清が蕃地をその領土と主張するとは考えなかった。明治六年三月、副島が清国に赴いた際、副使柳原前光、鄭永寧を総理衙門に遣わして、生蕃のことを尋ねさせたが、蕃地は化外に置いて治理せざるの言をえて、七月帰朝した。大久保が征蕃を決意したのはこの副島やル・ジャンドルの説を聞いての結果である（同、一二三頁）。日本の台湾出兵は相手国の清はもちろん国際的にも通告されないでなされたものであった。英・米などから抗議があいついだ。

台湾出兵決定から台湾平定までの経過を辿るとつぎのようになる。

二月　六日　「台湾蕃地処分要略」提出
　　　　　　閣議台湾征討決定
五月一七日　西郷都督長崎港より台湾出発
五月二二日　西郷都督台湾社寮港着
　　　　　　台湾生蕃熟蕃一八社投降
六月　二日　台湾平定

六　北京談判

日本は、台湾からなかなか撤兵しない。日清交渉は捗らない。明治政府は海外出兵を決定して、宣戦発令順序条目を決議した上で、大久保利通を全権弁理大臣として清国に差し遣わす（明治七年八月）。一触即発の状況である。それぞれの思惑もあり、「英、米は何とかして戦争を止めさせたく、これに対してドイツ、魯国は戦争を始めさせたく考えていることが明らかだ」（清沢、二〇五頁）という情勢である。

『東京日々新聞』明治七年八月一五日掲載の風刺画（本書18頁、図1-5）を見よう。

右手はロシアと朝鮮である。日本は北すなわち、ロシアの脅威を感じていた。木村（一九九三）はつぎの様に記している。

> 一八六一年、ロシア海軍は、対馬に海軍を送り、対馬藩に対してロシア海軍基地建設のための土地租借を強要する事件を惹き起こした（六一頁）。

ロシアは日清の諍いの様子見の体である。台湾事件処理後、ロシアとの間に「サント・ペテルブルグ条約（一名、樺太千島交換条約）を調印している。

朝鮮は、明治六年の明治政府内の「征韓」論争を知ってか知らずか、寛いでいる。征韓には反対した大久保利通は、征台には賛成して、今回の挙兵となったのであった。

画面やや左では日本と清が剣を交えているが、これは軍事衝突ではなく外交交渉の丁々発止のやり取りであろう。この諷刺画の掲載された時期、大久保利通の清国派遣が決まったばかりで、交渉開始は九月である。この時期に交渉に当たっていたのは柳原前光全権公使である。

局外、左端の椰子とおぼしき樹下で半身裸体の人物は台湾である。

北京談判は、英国公使ウェードの調停斡旋により一〇月に決着する。

七　台湾事件の終局

『ジャパンパンチ』は、日本が台湾出兵する四月より、その顛末を諷刺し続けた。（本書一九頁参照）清国は、撫恤金一〇万両と設備留用費四〇万両、合計五〇万両を支払うことになる。しかし画題としては、あたかも優勝カップの授与式の様相を呈している。キャプションによってこのカップが五〇万テールの価値があることがわかる。

野外である。日清両国人が見守るなか、カップを受ける日本は帽子をとり、腰をややかがめている。授与する清側は女性である。諷刺というより一種の報道画の趣である。キャプションは、「勝者ヤング・ジャパン」

としているが、敗者のはずの清国側に憂いの色、卑屈な態度は見受けられない。却って威儀を正している。清国人は正装と覚しき様で、子供さえ見える。

対して先頭の日本人は、軍服の上着をつけていない。彼は日の丸の名印を五つも付けたシャツの一着に及んでいる。洋服である。サーベルを吊るした随行者たちが居並ぶ。男ばかりである。

アジアの超大国である清が新興国日本に鷹揚に接している図である。ヤング・ジャパンに対しては老大国が配されるはずだが、逆にうら若い女性が描かれ全体としても若々しさが張っている。

清国は、日本の台湾「征討」を義挙として認めたのであった。撫恤金は義挙の働きを報奨する意味を担わされている。この画は贈呈式の様子を伝えている。

「まどろみの婦人」（図4-3）は寝台でまどろむ肉つきのよい婦人の図である。キャプションは明白にこの婦人が清国であることを示している。

台湾事件が一件落着し、何事もなかったかのような、しばしのうたた寝を貪る清国である。

豪華な寝室ではない。涼しげな敷物に、高枕で、婦人はふっくらしている。

駐日英国公使パークスは「予はこの老大国が、その正当なる主張を持ちながら、国家群中の最も若い国に譲ったのを悲しまざる

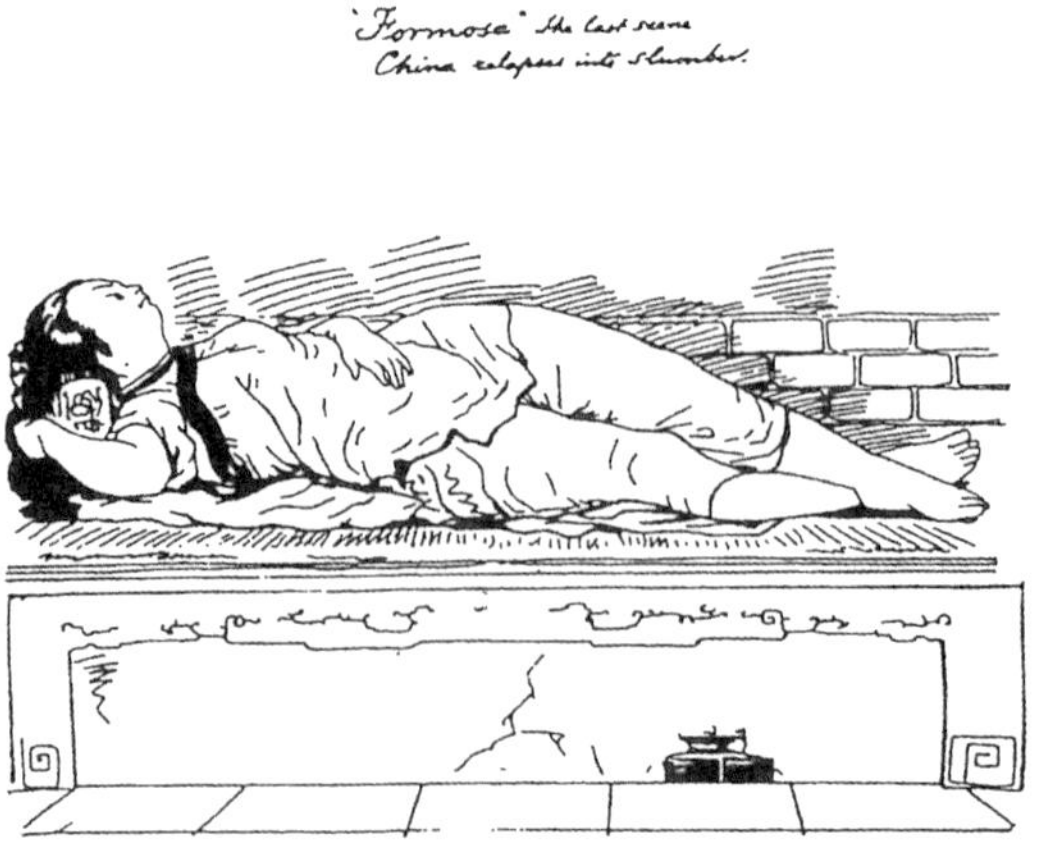

図4-3　「まどろみの婦人」（『The Japan Punch』1874）
＝丸善雄松堂提供

を得ない」（清沢洌、二六七頁による）と述べ、清国に同情を示している。

結局、台湾事件は日本にとって琉球を版図化するのに貴重な一歩となったのであった。清国は琉球人を日本人として認めた。琉球人が居住する土地は、したがって日本の領土であることになる。日本は、琉球を外務省の所管としていたが台湾事件の後、内務省に移管した。つまり、外国扱いから内国扱いへとその政策を転換したのであった。

おわりに

明治政府は、明治五年、琉球王国を廃して琉球藩とし、国王・尚泰を藩王に封じた。形式的にはこれで琉球を日本の版図に加えることになった。しかし、琉球住民の台湾遭害事件と、これを理由とした台湾出兵、清国との外交交渉、出兵を巡る清国からの「義挙」承認を獲得する、という外交的勝利を得るまで曖昧さが伴った。台湾事件は琉球の帰属問題に重要な転回点となった。この後、明治政府は琉球に「廃藩置県」（明治一二年）を断行し、名実共に琉球を日本の版図に入れることになる。清沢は琉球帰属問題の「事実上の解決は大久保の北京談判によったのである」（三二六）と総括している。

参考・引用文献

伊藤　潔　一九九三『台湾』中央公論社
伊藤　久昭　一八七四『臺灣戦争記』巻ノ一、巻ノ二　吉田屋文三郎

岩波書店編集部（編）　一九六八『近代日本総合年表』岩波書店

清沢　洌　一九九三『外政家としての大久保利通』中央論社

木村　汎　一九九三『日露国境交渉史』中央公論社

近藤　正己　一九九二「台湾総督の理蕃体制と霧社事件」『岩波講座近代日本と植民地二　帝国統治の構造』岩波書店　三五～六〇頁

又吉　盛清　一九九〇『日本植民地下の台湾と琉球』沖縄あき書房

宮國　文雄　一九九八『宮古島民台湾遭難事件』那覇出版社

歴史学研究会（編）　一九九〇『新版日本史年表』岩波書店

戴　國　輝　一九九一『台湾』岩波書店

豊田　穣　一九九二『初代総理伊藤博文』上　講談社

安岡　昭男　一九八〇『明治維新と領土問題』教育社

史料

横山　學（編）　一九八〇『琉球所属問題関係資料』第一～八巻　本邦書籍

第五章　中国・日本・琉球

はじめに

沖縄の現在（いま）を語るのに、その屈辱史を外すことはできない。屈辱史とは、あの慶長一四年（西暦一六〇九年）の島津襲来と、その結果としての薩摩藩支配、さらには日本の明治維新に伴う廃藩置県と連動する琉球王国の滅亡、日本の一県に組み込まれる歴史の事である。

そもそも琉球王国が名実ともに独立国だったか否かは議論の分かれるところである。明や清に朝貢し、彼の国との間に冊封―朝貢関係があり、琉球国の王権は中国に起源していたのである。また、薩摩藩―琉球国間には実質的な支配―従属関係が存在した。薩摩の役人が常駐し、少なからぬ年貢を納めていたとすればそれは薩摩藩への従属としての意味あいを否定できない。さらに、薩摩藩を通して琉球国も幕藩体制に組み込まれていた、とする議論も当然成り立つ。琉球王国の王権が中国起源であり実質支配は日本であり、いわゆる両属の形態をなしていた。してみると、琉球王国は傀儡国だったのかもしれない。まず、政治的に自立してはいなかった。琉球王に即位するには、その前提に薩摩側の承認、その背後にある幕府の了承が必要だったとすれば、やはり琉球王国の独立性には疑問が残る。一方また米国、フランス、オランダと条約を結んでいたとすればやはり国際的には独立国として認知されていた、と考えざるをえない。

一　廃国置藩

明治維新後、琉球王国は日本側から見れば鹿児島県の所管にまかされていた。明治五年鹿児島県の大山綱良参事は、維新を慶賀する使臣を参朝させる書面を琉球王に送り、琉球側は正使・伊江王子(尚健)、副使・宜湾親方(向友恒)、賛議官・喜屋武親雲上(向維新)を遣わす。この時、使臣たちに明治天皇より詔書が下される。次の文面である。

陞して琉球藩王となし叙して華族に列す

つまり、琉球国王・尚泰を琉球藩の王に据え、華族にするというのである。使臣たちに実感はなかったであろうが、この時を期して、日本は琉球国を藩に定め、自らの版図に納めたのである。明治天皇による冊封である。詔書一片で琉球王国は敢えなく消滅したのである。あっけない結末といおうか。この暴挙を「廃国置藩」と呼びたい。従来、この事件はあまり語られない。しかしながら近代沖縄の歴史の運命はここに定まった点を、確認しなければなるまい。

明治政府は、この事実を清国に通告していない。

二　日本の台湾出兵

明治七年における台湾出兵は近代日本初の海外派兵である。しかも、成功した。出兵理由は明治四年、琉球宮古の住民六九名が首里王府に納税の帰途、台風にあおられ台湾南部に漂着、三名は水死、五四人が牡丹社と呼ばれる原地人に襲われて殺され、一二名が難を逃れた事件についての問罪であった。つまり、琉球人を日本人とみなし、その死に責任のあることを問責する挙であった。但し、この事件は明治四年のことであり、明治天皇が尚泰を琉球藩王にしたのは明治五年の事だから、琉球人を日本人と主張するには無理がある。その無理を敢えて主張し、台湾への派兵をしたのであった。

この時、明治政府は台湾への派兵を清国に通告していない。宣戦布告なしにあのパールハーバーを爆撃した素地はこの辺にあるのかもしれない。アンフェアーな日本および日本人。英国つづいて米国公使からクレームがついた。しかし、日本側は強行した。

駐日英国公使パークスの伝記に言う。

台湾への派兵が単なる海賊的襲撃であることは疑う余地はない。琉球人が果たして日本の国民であるかどうかというその事が問題である。もしそうであればその是正は、まず外交的方法を以て進められねばならぬ。しかし遠征は何らの通知なくして行われた。（清沢冽、二六八頁）

日本側は一種の弁明を忘れない。当時流布した『台湾戦争記』（明治七年刊）は、台湾出兵が問責の兵であることを述べた上で「副島外務卿が先ず特命全権大使として入清し其政府に告ぐるに政府化外の凶族にて関せざるを以て答ふ是を以て廟謨御決定」と記している。つまり、外務大臣副島種臣を遣わし、台湾が清国の支配の及ばない蕃地である回答を得て、朝廷で出兵を決定した、というのである。ただし、副島が得た回答は口頭によるもので書面をもってしたものでなくその実効性には疑問がある。さらに、同書は次のようにも記しており、問責の範囲を超えた意図のあったことが伺える。

此度我政府兵を出して先ず支那領の境より南なる地に手を下し是を略取して植民地と為し夫れより又北方支那領の境より南の地に兵を置きて漸々に是を開拓し大木を伐り荊棘を焼き土蕃を教え導きて以て我皇国の版図を広めんと為し給玉う思召しなるべし

つまり、日本の版図を台湾にまで拡大し、植民地化しようとの意図が見え隠れしている。時に、この派兵で戦死者は一二名、病死者五六一名、出征人数は約三六〇〇名、猖獗を極めた風土病による死者が多数を占めた。

日本は、この征台を巡る日清交渉で五〇万両の賞金を得た。交渉には最終的には大久保利通があたった。大久保は薩摩藩の出である。

駐清英国公使ウェードの調停を得て大久保は日清交渉において、日本の派兵が「保民の義挙」と認めさせる外交的勝利を手にした。

三　「琉球処分」前夜

台湾派兵を巡る日清交渉の最中、日本は琉球藩の扱いを外務省所管から内務省に移管させる。また、琉球王国が米国、オランダ、イギリスと結んだ条約文書も明治政府に提出させている。

台湾出兵について「保民義挙」の言質を清国より取った日本は、明治八年、琉球に松田道之を遣わして太政大臣の達書を示した。それによると、清国への朝貢、慶賀使を差し止めること、明治年号を使用すること、清国福州の琉球館の廃止、鎮台分営の設置などを指示している。

日本は琉球の日清両属状態の解消を企図したのであった。琉球側は簡単にこの達しを肯じるはずがなかった。受け入れられない旨回答したが明治政府側も勿論許さない。尚泰の密使・幸地親方（向徳宏）が清国に渡り日本の暴挙を訴えた。この報は駐日清国公使何如璋にもたらされた。

東京在住の琉球使臣は、日本政府に従来通りの清国との関係の維持を嘆願し、清国公使に泣訴し、フランス、オランダの公使に密書を送り援助を乞うた。仏蘭両国公使は拒否したが、米国公使は本国の指揮を仰ぐと約束をしたのであった。

この密書事件は大きな波紋を引き起こした。『朝野新聞』（明治一二年二月一〇日）は、激越な論調を載せた。曰く「琉奴可討」（琉球の奴等を討伐せよ）。密書の内容は図5-1に掲げる通りである（意訳を本書第二章七〇～七二

図5-1　「琉球密書」（『朝野新聞』明治12年2月10日）
＝国立国会図書館所蔵　マイクロフィルム

頁に掲げた）。表題は次のようになっている。

具稟琉球国法司官［毛鳳来・馬兼才］等

為小国危急切請有約

請願者の毛鳳来は富川盛奎、馬兼才は与那原良傑である。いづれも三司官である。彼らは、小国琉球の危急を訴えて、援助を諸外国に願ったのである。これに政府系ジャーナリズムは激怒した。明治政府は彼らを東京から退去処分にする。

論説は述べている。

甚だしいかな琉奴のわが日本帝国を蔑視するや。甚だしいかな琉奴の支那国に傾慕するや。わが厚遇を忘れわが寵眷に背き、斯くの如き無礼不敬の文章を作り、之を外人に捧げ、なおあからさまに東京に駐在す。

『朝野新聞』、明治一二年二月二五日付け論説は恩着せがましい。「琉球藩官吏が愁訴したので、征台の師を起こし、ばく大な軍費、人命を投入した」というのである。次のように論じている。

このように巨万の軍資を棄て、このような人命を損ない、清国と戦端を開きかねない危険を冒して敢えて征台の挙動を起こしたのは、日本国が琉球藩の小弱を撫育し保護するという大慈悲心からでなくてな

んであろう（意訳）

台湾出兵は琉球からの要請によるものであり、日本は琉球に一方的に恩恵を施したのである。それにも関わらず、忘恩の琉球は清国へ思いを寄せ、朝命に違背し、あまつさえ諸外国へ密書を送るの挙に出ている、これでは処分するのもやむを得ないとの主張である。

四　「琉球処分」・廃球為県

明治一二年「琉球処分」が断行された。明治八年、松田道之を遣わし清国との通行断絶を申し渡したが、琉球側は言を左右し、哀訴嘆願し、清国との断絶を肯んじなかった。明治政府から見れば、これは朝命への重大な反抗であると映った。

世情沖縄における廃藩置県が「琉球処分」と考えられている節があるが、それでは十分でない。天皇へ服ろわぬ民への断罪との視点が必要であると考える。諸藩における廃藩置県が処分措置でなかったのに琉球藩のみ「琉球処分」と公式文書で記される理由はこれで氷解する。

『東京日々新聞』（明治一二年四月八日）は「琉球処分」に関し次のような論説を掲げている。

夫れ琉球の滅ぶるや廃藩の今日に滅ふるにあらずして置藩の五年に滅ぶる者なり

廃藩置県のこの時に琉球は滅びたのでなく、七年前の置藩の時点で滅びたのである、というのである。ご一新の慶賀に出向いたら不意打ちに琉球王は琉球藩王に封じられてしまった。この時に琉球王国は壊滅した。そもそも幕藩体制の中で天皇から藩主として冊封された者がいたであろうか。

毛利敏彦は、「琉球処分」を琉球併合として捉え、台湾出兵が琉球をして中国帝国の華夷秩序から脱落する素地となったと指摘している。毛利は次のように述べている。

清側は、遭難琉球人は日本国民であると解釈できる協定にうかうか同意したことで、琉球に対する日本の統治権を国際的に認めたかたちとなり、その分だけ清朝の宗主権を主張する根拠を自ら薄弱にしたからである。（一七五頁）

清国は日本の琉球の廃藩置県にクレームをつけたが、琉球の帰属を巡る日清の紛争は、日清戦争で両国の帰趨が決するまでくすぶり続けた。

おわりに

日本は、その領有しているか否か疑問の残る琉球人の台湾での遭害事件を理由に、征台を敢行し、その成功で清政府より琉球人が日本人であるという言質をとった。また、琉球に対しては台湾出兵の恩を着せ、それを理由に日本併合を強要した。琉球王府の要人達はおそらく琉球のアイデンティティを求め、条約締結諸国に日本の非理を訴え、日本併合に抵抗したが、それは叶わず、かえって琉球処分として断罪されてしまった。長期の薩摩支配の下、半独立状態にも関わらず琉球はその独自性を維持し、弱小ながらなお抵抗し続けている。清国はその華夷秩序から琉球を失い、朝鮮、ベトナム等と次々にそのシステム要素国の離脱を余儀なくされ、遂に大帝国自体の壊滅を招いてしまうのである。

参考・引用文献

比嘉　春潮　一九七一　比嘉春潮全集　第一巻　沖縄タイムス社
伊藤　久昭　一八七四　台湾戦争記　吉田屋文三郎
清沢　洌　一九九三　外交官としての大久保利通　中央公論
宮崎　市定　一九九五　アジア史概説　中央公論
毛利　敏彦　一九九六　台湾出兵　中央公論
安岡　昭男　一九八〇　明治維新と領土問題　教育社
歴史学研究会（編）　一九九〇　新版日本史年表　岩波書店

第六章　東学農民戦争期の日・朝・清

はじめに

一八世紀後半の朝鮮王朝は国際的緊張に包まれていた。ロシアやフランス、イギリス、そして日本が近海を窺っている。一八七五(明治八)年、日本は軍艦「雲揚号」で首都ソウル防衛の要衝江華島沿岸に侵入、いわゆる雲揚号事件を引き起こす。これを口実に江華島条約(日朝修好条規)が締結される。朝鮮王国は鎖国を解き、開国するのである。この条約について、国定韓国中学校国史教科書は「わが国最初の近代的条約であったが、治外法権の認定など朝鮮に不利な不平等条約であった」(二七四頁)と記している。この条約は、幕末の頃の日本が米英等と結んだ不平等条約の再現であった。「米英—日本」関係が「日本—朝鮮」関係の構造になっている。米英に対して自ら抱え込んだ不平等の関係を、今度は日本が朝鮮王国に担わせたのである。日本は、朝鮮に侵食していく。

東学農民戦争の経緯を韓国国定中学国史から引用摘記しよう。

清と日本の商人たちが争って浸透し、朝鮮の農村社会はいっそう疲弊した。特に日本商人は、イギリス産綿製品と日本で生産した日用品をもち込んで高い値段で売り、米や大豆などの穀物と金または牛皮を安い価格で買い取った。(二八二頁)

日本商人は、農村のあちこちで米を買いあさったので、わが国の農村では米が不足して農民の生活が困難となった。（同）

外へは外勢に対する反感と、内には腐敗した政治に対する不満により、農村社会では新しい変化に期待する気運が高まっていた。そこで伝統社会と改革思想を内包した東学が、農村社会に急速に広がることができた。（二八三頁）

全琫準が率いた東学農民軍は、腐敗した政治を正し、平民を救い、国を安定しようという主張を唱えた。（同）

東学農民軍の勢力が大きくなると、これを鎮圧する自信をなくした政府は清に軍隊を派遣してくれるよう要請した。清が軍隊を派遣すると、日本も朝鮮にいる日本人を保護するという口実で軍隊を派遣した。（二八五頁）

東学農民軍は、優秀な武器をもった日本軍と官軍に、公州牛金峙の戦闘で敗退し、全琫準などの指導者がとらえられたことで農民軍の蜂起は結局失敗してしまった。（二八六頁）

東学農民運動は、たとえ失敗に終わったとしても、わが国が近代社会へ発展するうえで重要な影響を与えた。東学農民運動をきっかけに、内には甲午改革が進められ、外では日清戦争が起こって、東アジア情勢に大きな影響を及ぼした。（同）

現行の文部省検定済中学生歴史教科書は、朝鮮をめぐる日本と清との対立として、つぎのように記述している。

日本は、不平等な条約によって朝鮮を開国させたのち、しだいに朝鮮半島へ勢力をのばしていきました。そのため、朝鮮を勢力範囲の国とみなしていた清と対立するようになりました。朝鮮政府のなかでも、清にたよろうとする勢力と、日本と結ぼうとする勢力が対立しました。このころ朝鮮国内では、重い税金のうえ、凶作や日本商人による買いしめで、米の値上がりがつづきました。このため一八九四(明治二七)年、東学を信仰する人々を指導者として、外国人を追いはらおうとする農民に反乱がおこり、政府軍を破って朝鮮南部に勢力を広げました。(甲午農民戦争)(二〇四頁)

『[市販本]新しい歴史教科書』の記述を見よう。

一八九四(明治二七)年、朝鮮の南部に東学の乱(甲午農民戦争)とよばれる農民運動がおこった。東学党は、西洋のキリスト教(西学)に反対する宗教(東学)を信仰する集団だった。彼らは、外国人と腐敗した役人の追放を目指し、一時は首都漢城(現在のソウル)に迫る勢いをみせた。わずかな兵力しかもたない朝鮮は、清に鎮圧のための出兵を求めたが、日本も甲申事変後の清との申しあわせに従い、軍隊を派遣し、日清両軍が衝突して日清戦争が始まった。(二一八頁)

本章は、東学農民戦争を巡る日本、朝鮮、清国の国際関係が『團々珍聞』の諷刺画でどう表現されたかを検討する。

東学とは、一八六〇年に崔済愚が創始した民間宗教である。儒・仏・仙の長所をとり、キリスト教も採り入れ、在来のシャーマニズムを土台にしてつくりあげたものである、とされる（宮原、二〇一頁参照）。教主・崔済愚はしかし、一八六三年「惑世誣民」の罪で処刑されてしまう。東学に感化された民衆は教主の名誉回復すなわち「伸冤運動」を展開し、東学弾圧の不当性を上訴した。李王朝は東学側を懐柔しながら密かに洪啓薫に軍隊を与え、かつ清国袁世凱に救援を要請した。（有井、二〇一～二〇二頁）

「鶏の争い」（図6-1）は、東学問題が『團々珍聞』に初めて掲載された諷刺画である。

鶏は朝鮮を表す。新羅の別称「鶏林」から転じ、朝鮮を意味し、結局「鶏」は朝鮮を表す事になる。二羽の鶏が対峙している。右の鶏は東学二代目教主崔時亨、尻尾の長いのは興宣大院君であろう。その背後の小さな鶏は幼帝の高宗帝であろうか。柵の中は朝鮮、柵外は清国である。豚は清国を表す。柵に手を掛けているが、

図6-1　「鶏の争い」
（『團々珍聞』明治26年4月29日）

柵のうち朝鮮内部の争いを傍観するの図である。この時期、日本は東学問題に登場しない。

一八九四年四月、全琫準を指導者として全羅道古阜の農民は立ち上がり農民戦争に突入した。朴宗根は「全羅道は朝鮮の歴史上農民蜂起の最も多い所である」（二二頁）と述べている。戦争は初め農民軍に優勢に展開した。五月には全州を占領。朝廷は休戦交渉を始め、講和を締結した。しかし、朝廷は講和を守らなかったばかりか、清国に援軍を要請した。

「鰐に襲われる」（図6-2）は、この間の緊迫の様を示す。

ちょう船の乗組員はもちろん朝鮮の朝廷である。逆巻く海上で鰐の来襲を防ごうとしている。鰐の頭部には「東」の文字が読める。鰐は顎を強調している。鰐も顎も「咢」を示し、その音は「がく」である。「がく」は「学」に通じ、結局「東学」である。鰐として形象化された東学党に驚き（咢）周章狼狽する朝廷、その向こうに龍の船に乗った「たすけぶね」すなわち清国の援

図6-2　「鰐に襲われる」（『團々珍聞』明治27年6月16日）

軍が遠眼鏡でのぞいている。右手奥、お山の頂上でパイプ煙草をくゆらすのは山の形状から日本であろう。風刺の面目躍如たるものがある。しかし、日本の陸軍省は六月七日に「軍機軍略に関する新聞報道禁止の省令」を布告し、東学問題についての報道管制を敷く。国民に知られたくない、または知らせたくない何かが「東学」に含意されていたのである。それは、「暴動」または「一揆」の様相を呈していたからであろう。

「虎のからくり」（図6-3）は、報道禁止を揶揄する。興行師の親父は陸軍省である。虎のカラクリを興業している。虎は朝鮮を表す。虎は加藤清正の朝鮮での虎退治の故事にちなみ、朝鮮を表すのである。虎のからくりとは東学の「内乱」を示す。そこには朝鮮、清国、日本の国際関係が複雑な様相で展開されている。覗き穴が設置されている。その覗き穴から見せたいもののみを見せるつもりである。だからこれは片目で見るものであり、目は一つあればよい。偏った見方に誘導するものである。覗きカラクリを見るには片目だけがあればよい。口は要らない。だから口は塞がれている。

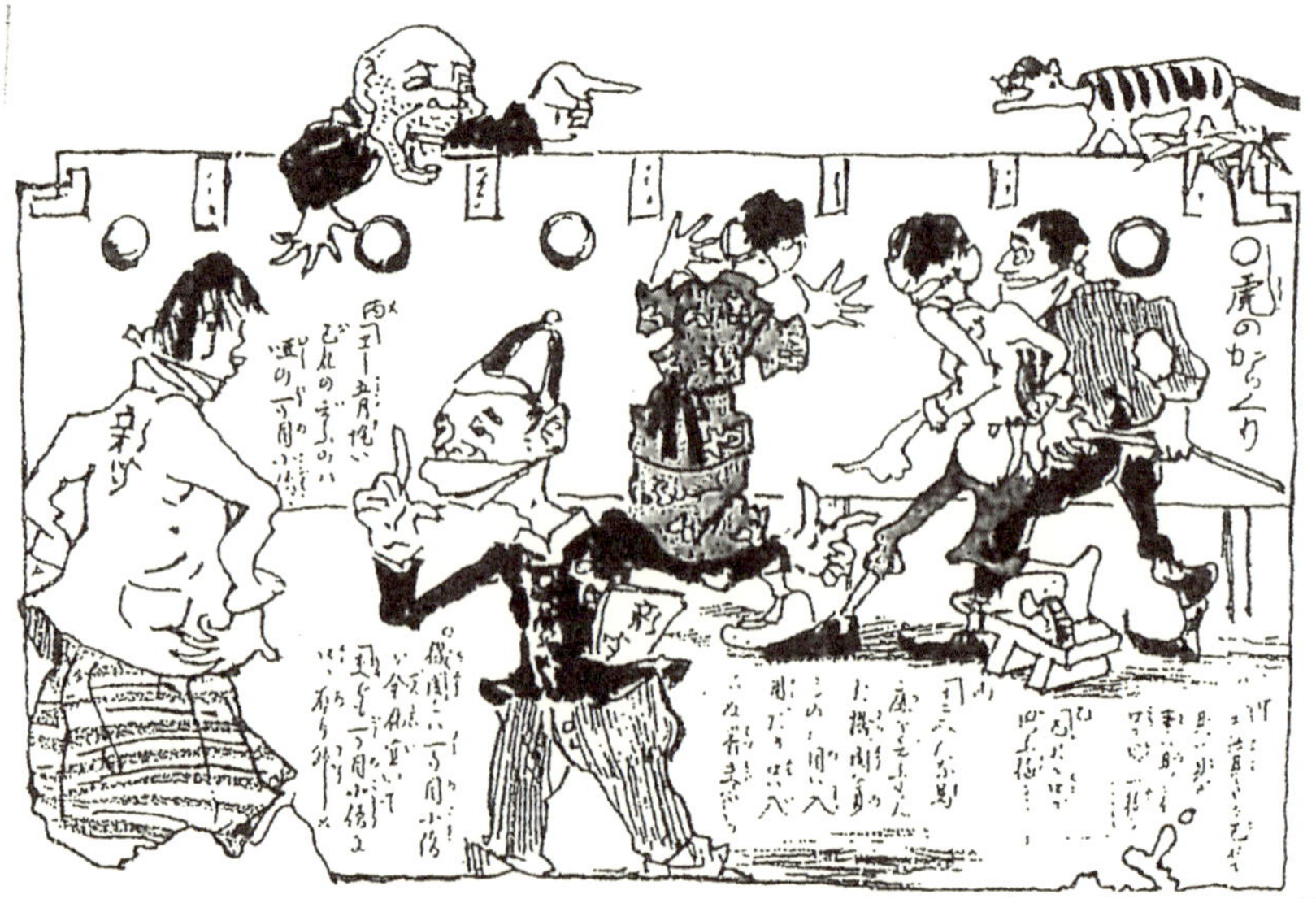

図6-3 「虎のからくり」（『團々珍聞』明治27年6月16日）

東学問題には口出し無用、口外無用と言うわけである。観客たちは新聞を持っている、または「しんぶん」の名印を帯びている。新聞の報道の自由は制限されている。ジャーナリストの無念が伝わってくる。

「口に施錠」（図6-4）も図6-3と同工異曲である。背に筆を負う男の口には錠前が下がっている。筆の男はジャーナリストであり新聞を表す。彼は遠眼鏡で海の彼方を見るだけで口から出せない。報道の規制である。遠眼鏡には蜻蛉、鶏、豚が映っている。豚と鶏はそれぞれ清国と朝鮮を表す。蜻蛉は、「あきつしま」で日本の異称である。蜻蛉と豚は歯を剥き出している。鶏すなわち朝鮮が豚の側にいるのは注目に値する。つまり朝鮮の意向は日本側の動きを嫌っているらしい事だ。少なくとも日本人にはそのように感じられていたと言う事だ。その事情を陸軍省は知られたくなかった。その事情を喝破している、と考えられる。省令を批判しながら日清の緊張を伝えている。

朝鮮朝廷は、清国へ援兵を要請した。清国への援兵要請については朝鮮内部に異論もあったようである。

図6-4 「口に施錠」（『團々珍聞』明治27年6月23日）

「清国援兵を望むに就いては反対の意見多き旨報告の件」（五月二九日付け電報、『日本外交文書』第二七巻、一五四頁）の報告が残っている。初め清国側も袁世凱や李鴻章はあまり乗り気でないような態度であった。「李鴻章は朝鮮国王より援兵派遣の依頼を受けたるも之を拒みたり然れども朝鮮国王に於いて変乱を鎮圧すること能わざる場合に於いては国王を援助することに決心し居りと」（同、一五八頁）と清国天津から報告されている。

六月七日、清国公使より陸奥外務大臣宛「朝鮮国へ属邦保護の為出兵する旨通告」がなされる。この通告は光緒一一年（明治四年）議定の条約によりなされたものである。一方日本は「帝国政府に於いては未だ曾て以って朝鮮国を貴国の属邦とは認居不申」（同、一六九頁）と清国公使宛に回答している。

「災の河原」（図6-5）は、日清の覇権確立を目指した朝鮮への派兵競争を諷する。この諷刺画が掲載された七月は時節柄盆供養の頃である。その時期に適切であった。「対韓地蔵」は、言うまでもなく朝鮮を意味する。その地蔵は眼前に積み重ねられる日清の軍事行動に驚愕している。石の地蔵さんが口をあんぐりとあけている。「清兵派出」「日兵派出」「清艦発送」「日艦発送」…と石積みが繰り広げられている。「災」は「災厄」である。いつ果てるともない災いの数々である。

図6-5　「災の河原」
（『團々珍聞』明治27年7月21日）

朝鮮を巡る日清の国際関係は泥沼の様相を呈していく。朝鮮は清国へ援軍を要請したが、日本には要請していない。しかし、朝鮮情勢緊迫の際の日清条約の議定（天津条約）により日本も派兵する。朝鮮にとっては迷惑である。で、朝鮮は日本軍の撤退を要求する（六月一四日）。一方日本は清国公使に対して、東学反乱および朝鮮内政改革への共同の対処を提案するが、清国はこれを拒否する。内政改革実現まで撤兵せず、と通告（六月二三日）。露西亜、英国が斡旋、仲裁を試みるがいずれも不調に終わる。以下、『近代日本総合年表』の記述を転記する。

七・一〇　大鳥公使、実行期限を付した内政改革案を朝鮮政府に提出。
七・一六　朝鮮政府、日本軍の撤退が先決と回答。
七・二〇　大鳥公使、清・朝鮮宗属関係の破棄その他を要求する最後通牒を朝鮮政府に提出。（七・二二を回答期限とする）
七・二三　日本軍、京城の朝鮮王宮を占領。朝鮮軍を武装解除。国王日本の圧力により、大院君に国政総裁を命ずる。
七・二五　大院君、清・朝鮮宗属関係の破棄を宣言し、牙山の清国軍撤退を大鳥公使に依頼。
七・二九　大鳥混成旅団、朝鮮の成歓を占領。
七・三〇　牙山占領。
八・　一　清国に宣戦布告。（一三八頁）

この間、英国の提案で日清両国による共同占領案が討議され、清国は柔軟な態度を見せていた。すなわち、「清国政府は同大臣（英国外務大臣―引用者注）の勧告に対し朝鮮分割占領即日本国は南部清国は北部を占領し京城は互いに占領せず之を存し置くの考案を容るるの意あり」(『日本外交文書』第二七巻、三〇七頁)と報告されている。朝鮮三分割案である。清国はこの案を受諾することに傾いていた。日本はこの案の本意を察知しようとしていた。日本の態度は不明である。朝鮮側の意向は問題にされない。三分割案は、琉球の所属を巡る日清間の琉球分島案を想起せしめる。琉球分島案は締結直前まで進展していたが、清国側は調印しなかった。その理由は詳らかにされていない。

結局この朝鮮三分割の案件は交渉のテーブルに載ることなく、日清開戦に突き進むこととなる。

おわりに

沖縄で徴兵制度が施行されたのは明治三一年である。したがって東学農民戦争の生起した明治二七年には沖縄から従軍した兵士はいないことになる。ところが、「徴兵制が施行される前の一八九〇(明治二三)年に志願して陸軍教導団に入団した一〇人の青年がいた」(田港、一六一頁)。「一年後彼らは熊本の部隊に入隊した。その後の陸軍教導団への入団者は、第二回目には一七人になり、明治二七年ごろには五〇人ちかくの下士官を出すほどになった」(同、四六六頁)。したがって、東学鎮圧の為に従軍した沖縄出身兵士がいた可能性は高い。田港は「日清戦争がはじまると、これら沖縄最初の軍人たちも参加した」(同)と記している。東学農民戦争と日清戦争は一連の戦争である。

井上勝生は、日本軍による東学農民鎮圧について次のように記している。

東学農民軍を武力鎮圧したのは、日本軍と日本軍に指揮された朝鮮政府軍であった。とくに重要なのは、日本軍の一八九四年一〇月二七日の広島大本営（日本軍総指揮部）から出された東学農民「殺伐（虐殺）」命令であった（一九三頁）。

もし、沖縄出身兵士が従軍しておれば彼らも軍命に従い東学農民を「虐殺」する挙に出たことは疑いなしとしないだろう。

東学農民戦争が一〇七周年の二〇〇一年に、その発火点となった韓国全羅北道全州市で「東学農民革命一〇七周年国際学術大会」が開催された。農民戦争が農民革命と表記されていることに注意されたい。叛乱の徒、または不逞鮮人として負のイメージを負わされた東学軍の「叛乱」が一〇〇余年の歳月を経て再評価されていることの気運を見ることが出来よう。

全羅北道の白山城に集結した農民たちは、軍組織を編成し、倡義文（檄文）を発表する。

彼等が義を挙げてここに至ったその本意は、断じて他にはなく、蒼生（＝民衆）を塗炭の苦しみから救し、国家を磐石の上にすえようということにある。内には貪虐な役人の首をはね、外には横暴な強敵の群を駆逐することにある。両班と富豪（＝土豪）の前に苦痛にあえいでいる民衆と、方伯や守令（地方官）の下に屈辱をなめている小吏らは、われわれと深い恨みを共にするものであろう。少しもためらうことなく、直ちに立ち上がれ、もしこの機会を失うならば、後悔してもおよばないであろう。

（東学農民革命一〇七周年国際学術大会プログラムより）

朴孟洙は、東学農民戦争に関する膨大な研究文献をリビューする中でつぎのように記している。

一八九四年二月に、朝鮮南部の全羅道古阜から始まった甲午農民戦争（東学農民戦争）は、朝鮮近代史における最大規模の民衆運動であったことと、また日清戦争の原因となり、日清戦争以降の朝鮮半島をめぐっての国際情勢が大きく変わっていく直接的、決定的な契機をなす（二四九頁）。

この「農民革命」は結局不成功に終わった。日清戦争の結果、朝鮮ではますます日本の支配が強まった。また琉球（沖縄）においては、何らの国際的議定もないまま日本への版図化が既成事実化していくことになるのである。

参考引用文献

有井　智徳　一九八六「東学党の乱」梅棹忠夫・江上波夫（監修）『世界歴史大事典』一三巻　教育出版センター　三〇一〜三〇二。
外務省（編纂）　一九五三　『日本外交文書』第二七巻　日本國際連合協會
（『日本外交文書』からの引用にあたっては、カタカナはひらがなに、旧漢字は新漢字に変更した。）
井上　勝生　二〇〇一「日本軍による東学農民に対する虐殺（ＧＥＮＯＳＣＩＤＥ）」『東学農民革命における二一世紀的意味』東学農民革命国際学術大会（韓国　全州市）一九二〜一九五
岩波書店編集部（編）　一九六八『近代日本総合年表』岩波書店
国史編纂委員会・一種図書研究開発委員会（編）（石渡延男・監訳）　二〇〇〇『入門韓国の歴史　国定韓国中学校国史教科書』

明石書店
宮原　兎一　一九八六「東学」梅棹忠夫・江上波夫（監修）『世界歴史大事典』一三巻　教育出版センター　三〇一
西尾幹二ら　二〇〇一『［市販本］新しい歴史教科書』　扶桑社
朴　孟洙　二〇〇一「〈研究ノート〉近代日本と韓国（北朝鮮）における東学思想及び甲午農民戦争に関する先行研究の到達点と問題点―甲午農民戦争一〇〇周年以前までの研究を中心に」『国際日本文化研究センター紀要』『日本研究』第二三集　二四九～二八一。
田港　朝和　一九六六「徴兵令の実施と県民の対応」琉球政府（編）『沖縄県史』第四巻　各論編三　教育、琉球政府
照屋善彦ら　一九九九『社会科　中学生の歴史』帝国書院

第七章　「琉球処分」前後の東アジア情勢

一　膏絞る

「洋客に給仕する」（図7-1）はアヘン戦争後の清国の窮状を描写する。食卓に着く男は英そして仏の西洋列強を表す。この人物はつぎのように独り言ちている。詞書を見る。

「亜細亜の人がボーイする誠に上手有ります。みなみな膏絞りあげわたしに食べさすよろしいアジアの膏なかなか美味い外に有りません。」

テーブルについているのは西欧列強である。アジアの財を貪っている。中央の人物は清国皇帝である。皇帝は陳べる。

「朕自ら給仕の役に任ず願わくバ帝朕が意を諒察セヨ」。

「朕」と自らを呼んでいるので光緒帝と考えられるが光緒はまだ幼い。実権は西太后が握っている。清国側は「いくら膏を絞り上げても直ぐ洋客に喫われて仕舞う」と嘆く。国民の膏血は絞られている。

図7-1　「洋客に給仕する」（『我楽多珍報』明治12年2月14日号）
＝明治新聞雑誌文庫所蔵

西洋列強に東アジアが狙われていると警告を発するこの諷刺画は、アジア地域を貪るのは西洋だけではないことを示唆する。東アジアの中にアジアを狙う国があった。日本である。台湾に出兵し、朝鮮、琉球に触手が伸びる。植民地化され、版図化される。

「目隠し鬼」（図7-2）は、鬼さんこちら、と鬼ごっこに興じる日本、朝鮮、琉球を描く。画の奥で目隠しの人物は洋装である。文明開化中の日本、右手の人物は笠子帽子をかぶる朝鮮、左手は二本の簪を挿す琉球である。日本は琉球、朝鮮両国に闇雲に迫ってくる。

二　「廃国置藩」

明治維新、王政復古のなった明治政府は琉球国（琉球藩）に廃藩置県を断行（明治四年）、祝意を表すために慶賀使を遣わすようにとの薩摩藩改め鹿児島の命により、琉球は尚健（伊江王子）と宜野湾朝保（親方、三司官）を代表とする慶賀使団を派遣する。ところが彼ら慶賀

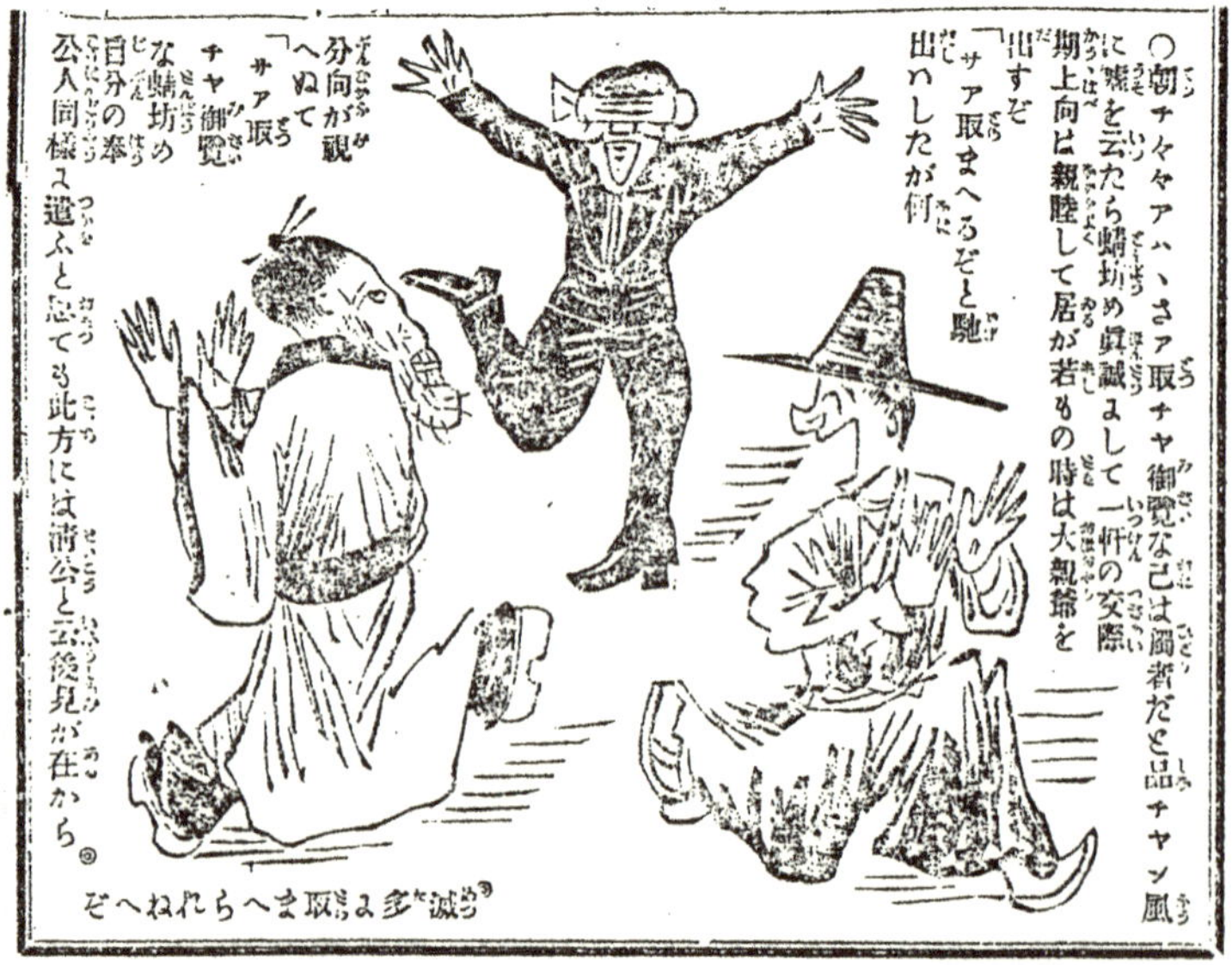

図7-2　「目隠し鬼」（『妙々雑俎』明治12年3月7日号）＝明治新聞雑誌文庫所蔵

使には思っても見ない災難が降りかかった。「琉球藩王ヲ冊立スル詔」が下されたのである。すなわち、琉球王国を琉球藩となし、尚泰をその藩王に任命するというものである。ここで「藩主」ではなく「藩王」に叙すというのが明治政府の工夫であろう。幕藩体制の中に「藩王」などという制度はない。「王」の名を残すことで「王様」の気配を醸成している。薩摩藩は確かに琉球を実効支配していた。その薩摩藩に属していた琉球が廃藩置県によって鹿児島県となった薩摩藩の管轄下に位置づけられるのは明治政府にとって自然であったろう。しかしながら、薩摩藩が実効支配していたとはいえ、琉球王の王権は中国に起源するものであった。すなわち、一三七二年に始まる明国と琉球の「冊封―朝貢」関係と、一六〇九年の薩摩襲来の結果として薩摩の支配下にあるという関係、すなわち琉球は「両属」関係にあった。この詔勅は琉球を巡る中国と日本の国際関係に波風を立てることになった。

明治五年のこの詔勅によって明治政府は琉球に対して「廃国置藩」を発令したのである。これが琉球処分へと変転していく。西里喜行（一九九二）はつぎのように述べる。

琉球処分のプロセスは井上案や副島種臣の「尚泰ヲ藩王ニ封シ、華族ニ列シ、其外交ヲ遏メ」るという建議に沿って展開する（三一頁）。

三　廃藩置県と救国嘆願密書事件

廃国置藩で琉球藩を設置（したことに）した明治政府は琉球藩統治に乗り出す。尚泰王が維新慶賀のために上京すること、明治の正朔を奉じること、清への進貢を止める事、等々が明治政府から一方的に命ぜられた。

明治政府は琉球の両属を断つ強い政策を断行していた。琉球はそれに対して抵抗した。琉球国は未曾有の国難に瀕していた。

在京の琉球人が、条約を結んでいた米国、フランス、オランダの公館へ琉球問題を訴えた。密書事件である。密書事件に関連して自由民権派の『朝野新聞』は、激烈な調子で琉球を糾弾している。明治一二年二月一五日の「論説」は密書の内容を伝えながら「琉奴可討」と結ぶ。琉球人を討伐せよ、との論説である。

密書は「具稟琉球國法司官等為小国危急切請有約」で書き出されている。法司官とは毛鳳来（富川盛奎）と馬兼才（与那原良傑）等である。米国だけが琉球の嘆訴に対し、本国に相談する旨返答した。この事件後、琉球使臣たちは東京から退去処分されることになる。そして、明治一二年「琉球処分」いわゆる琉球における「廃藩置県」が断行されるのである。日本の琉球に対する廃藩置県は中国では「廃球為県」と認識されている。

四　脱清人と日本の琉球併合

脱清は無論、清国を脱出し清国から逃亡することではなく、清への脱出の義である。「廃国置藩」を実現した明治政府は「琉球藩」に対して渡航制限を命じ、とりわけ清国への渡航禁止を徹底し、一種の海上封鎖を行った。脱清人達（亡命琉球人）は彼の国でどのように活動したのか。琉球国難について清国に窮状の哀訴、また積極果敢な請願運動が繰り返された。西里は「亡命琉球人の向徳宏の泣訴、林世功の決死の請願」と評している。琉球帰属問題は日本、中国、露西亜、米国を交錯しながら「琉球分島（琉球分割）」問題へと展開し、やがて曖昧模糊とした一応の決着がつく。西里は「琉球王府の最高の地位にあった富川盛奎（毛鳳来）の清国亡命の目的は琉球分割反対の請願にあった」と述べている。「琉球分割条約」は成立しなかった。「分割案」には「琉球国独立」が含まれていた。その利害得失は清国内で少なからぬ論議があった。

琉球分割条約の不成立を喜ぶべきか？　すなわち琉球独立の芽が摘まれ、なし崩しに日本併合されたことを慶賀すべきか？

参考・引用文献

西里　喜行　一九九二「琉球分割交渉とその周辺」琉球新報社（編）『新琉球史―近代・現代編』琉球新報社　二三―六二頁
横山學（編）　一九八〇『琉球所属問題関係資料』全八巻　本邦書籍

第八章　「薩摩襲来」と「日本屈属」のメタ・ヒストリー

はじめに

二〇〇九年は、「薩摩侵攻四〇〇年」、「琉球処分一三〇年」とかで、沖縄のローカル新聞『沖縄タイムス』紙、『琉球新報』紙とも、特集記事を掲載した。敗者の自己像である。

歴史について、歴史する試み、これをメタ・ヒストリーと呼ぼう。

一六〇九年（和暦・慶長一四年）の事変は何だったのか。また、一八七九年（明治一二年）の「琉球処分」は何だったのか。そして、米国の沖縄統治は？

一　一六〇九年の変

仮に「一六〇九年の変」と呼んでおく。上原兼善（一九七二、一九九二）は「島津侵入」（七四頁）とし、年表では「島津の琉球入り」としているが、近著（二〇〇九、榕樹書林）では「島津氏の琉球侵略」としている。金城正篤（一九七六、一九八九）は「島津氏琉球侵入」（二一頁）とし、年表では「島津氏、琉球に侵入する」としている。歴史学研究会（一九八四、一九九〇）の年表は「幕府、島津家久に命じ琉球に出兵させる」と記載している。又吉眞三（一九八八）は、「慶長の役」（七二頁）としている。紙屋敦之は「薩摩の琉球侵入」（一九八九、三三頁）、「島津氏の琉球侵略」（一九九〇、一三六頁）と表記している。

上原兼善（一九九一）は「徳川政権の成立にともなって、琉球国と日本の幕藩制国家との関係は新たな段階に入る。すなわち一六〇九年（慶長一四年）、島津氏が徳川幕府了解のもと、琉球国に侵攻する（五頁）。と述べている。童門冬二（一九九二）は「薩摩藩の侵略」（一九七頁）と記している。豊見山和行（二〇〇四）は「島津氏の琉球出兵」（一三〇頁）とし、年表は「島津の軍勢、首里城を占拠」と記す。

新城俊昭（二〇〇八）は「薩摩の侵略」（八六頁）としている。

紙屋（一九八九、一九九〇）は「薩摩侵入は日本の琉球侵略だった。私たちはそうした歴史認識に立つべきである」（三五頁）と述べる。

侵入や侵攻や侵略や出兵など、これらがアジア的ないし世界史的視野を持っていたとしても「日本史」の枠組みの視点に収斂してしまう。侵入される側、侵略される側からの視点では何と言うべきか。つまり、「琉球・沖縄史」の視点からの新しい枠組みが必要ではないか。薩摩藩（島津）による琉球侵入・侵攻・侵略を「薩摩襲来」として捉え直したい。

二　一八七九年の国難

「琉球処分」は、勝者の用語である。明治維新という王政復古によって従来の幕藩体制は崩壊し、版籍奉還によって藩は解体される。明治政府は鹿児島県を通し、琉球国からの使節を求めた。明治政府は琉球国使節に対し、琉球王・尚泰を琉球藩王に命じた。これは明治政府の武力を用いない琉球国土略取・併合であった。琉球国を琉球藩として日本の版図に取り込んだのである。著者はこの事態を「廃国置藩」と呼んでいる

（一九九七）。西里喜行（二〇〇四）は尚泰冊封を次のように記している。

> 明治政府は副島外務卿の提案を採用し、明治五（一八七二）年九月一四日、一方的に琉球王国を琉球藩とし、国王を藩王と称して尚泰に冊封詔書を交付した。琉球建藩・尚泰冊封の措置が、琉球併合へむけて用意周到に案出された第一の布石であることを、琉球当局は事前に察知していたが、明治政府の救済によって財政破綻を回避したばかりであったため、冊封回避の有効な対応策を講ずる余裕はなかった（二一九頁）。

そして、いわゆる一八七九年の「琉球処分」が下される。この年、琉球藩は沖縄県となる。西里は「廃琉置県処分」と称している（二三四頁）。

「琉球処分」なる用語は明治政府のそして日本史の用語である。「処分」には懲罰の響きがある。琉球・沖縄史では、「琉球処分」ではなく「日本屈属」と呼びたい。屈辱的な日本への従属・被併合であったのだ。

衆議院議員・鈴木宗男は国会で「琉球処分」に関し極めて重要な質問をし、重要な答弁を引き出している。質問は次の通りである。

一　一八七二年に政府は琉球藩を設置したと承知するが、既に一八七一年にいわゆる廃藩置県が行われ、藩を撤廃する形での行政改革が行われたにもかかわらず、なぜ沖縄では藩が設置されたのか。

二　琉球処分の定義如何。

三　一八五四年に琉球王国とアメリカ合衆国の間で締結された琉米修好条約、一八五五年に琉球王国とフランスの間で締結された琉仏修好条約、一八五九年に琉球王国とオランダの間で締結された琉蘭修好条約について、締結時点で政府はどのような関与をしていたか。あるいは一切関与していなかったか。史実に基づく明確な答弁を求める。

四　政府は、一八六八年に元号が明治に改元された時点において、当時の琉球王国が日本国の不可分の一部を構成していたと認識しているか。明確な答弁を求める。

（二〇〇六年一一月一日提出質問第一三一号）

この質問は、先の質問（二〇〇六年三月二〇日提出質問第一七五号）に対する答弁が不十分として再質問したものである。次に答弁を掲げる。

衆議院議員鈴木宗男君提出琉球王国の地位に関する再質問に対する答弁書

一について

一八七二年当時、沖縄において県ではなく藩が設置された理由については、承知していない。

二について

いわゆる「琉球処分」の意味するところについては、様々な見解があり、確立した定義があるとは政府として承知していないが、一般に、明治初期の琉球藩の設置及びこれに続く沖縄県の設置の過程を指す言葉として用いられるものと承知している。

三について

御指摘の各「条約」と称するものについては、いずれも日本国としてこれら各国との間で締結した国際約束ではなく、それらの締結をめぐる当時の経緯について、政府として確定的なことを述べることは困難である。
四について
沖縄については、いつから日本国の一部であるかということにつき確定的なことを述べるのは困難であるが、遅くとも明治初期の琉球藩の設置及びこれに続く沖縄県の設置の時には日本国の一部であったことは確かである。
（二〇〇六年一一月一〇日内閣衆質一六五第一三一号）

はしなくも「琉球処分」が日本国による琉球国の併合であったことが言外に滲み出ている。佐藤優（二〇〇六）は、第四質問への答弁について次のように評している。

沖縄が日本に帰属した時期について「確定的なことを述べるのは困難である」という答弁は、論理的にはかつて沖縄が日本に帰属していなかった時期があるということでもある。琉球処分を巡る中央政府と沖縄のねじれを解明することが現在沖縄が抱える問題を理解する上で有益であると筆者は考える（二七頁）。

三　一九七二年の日米外交

第二次世界大戦での敗戦により、日本国は米国に沖縄の領有権を譲渡した。これが「サンフランシスコ平和条約」であり、関連して「日米安全保障条約」が結ばれた（一九五一年、旧日米安保、一九六〇年改訂）。この条約は米国による「日本植民地化」または「日本属国化」条約であるとするのが本論の趣旨である。サンフランシスコ平和条約第三条により、沖縄は米国が国連に信託統治の提案をするまで米国が統治する、という内容である。つまり、米国は永遠に沖縄を領有する権利を得たのである。さらに、安全保障条約は米軍の日本駐留を認めている。

アメリカ合衆国の陸軍、空軍及び海軍を日本国内及びその附近に配備する権利を、日本国は、許与し、アメリカ合衆国は、これを受諾する。（第一条）

一九七二年、一旦米国に「割譲した」沖縄を、「沖縄県民の要求によって」日本に回復するというのが沖縄の「日本復帰」である。沖縄民衆の気持ちとしては「異民族支配」からの脱却が大きかったであろう。とはいえ「反復帰」の機運もなかったわけではない。しかし、この機運は大きな広がりをもつには至らなかった。沖縄が日本に復帰することは、沖縄が日米安保体制に組み込まれることであった。安保に付随する「地位協定」は、米軍および米国軍人軍属が日本で自由気儘に振る舞うことを保証する取り決めである。これから波及する悪影響は、広大な米軍基地が置かれる沖縄に著しい。

四　「支配―屈属」の相似形構造

幕府（織田信長、豊臣秀吉、徳川家康）、薩摩藩（島津）、琉球（沖縄）の「支配―服従」関係は次のように図示可能である。矢印の向きは服従者の方向に向かっている。薩摩の琉球支配は幕府（徳川）を利用する形で成立した。

琉球国は心ならずも薩摩の強大な軍事力の前に屈するものであった。琉球国は二七〇年にわたって薩摩に屈従するしかなかった。その後「琉球処分」と呼ばれる「日本屈属」があり、日本の版図に組み込まれる時期が続き、その日本も米国に占領され沖縄を手放さざるを得なくなった。

米国、日本、沖縄の「支配―服従」関係は下図のようになるだろう。日本の沖縄統治は米国の意に沿うような形でなされている。昭和天皇は、アメリカが沖縄を始め琉球の他の諸島を軍事占領し続けることを希望しているという、天皇メッセージも存在する。

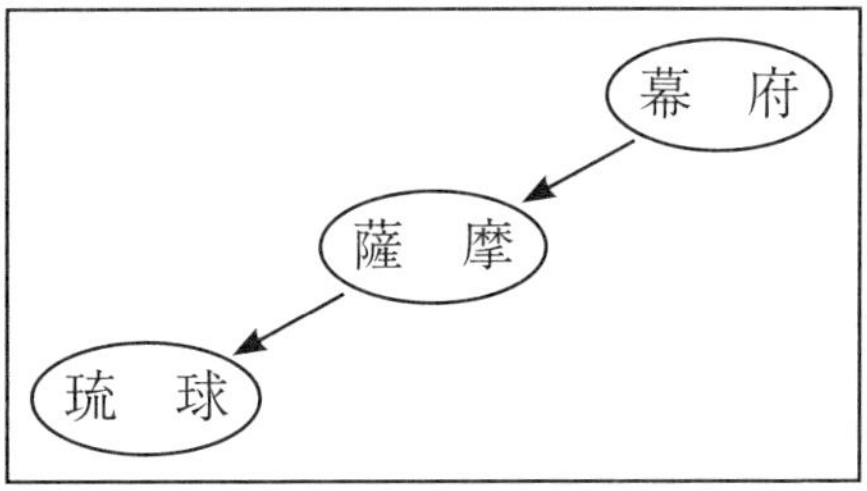

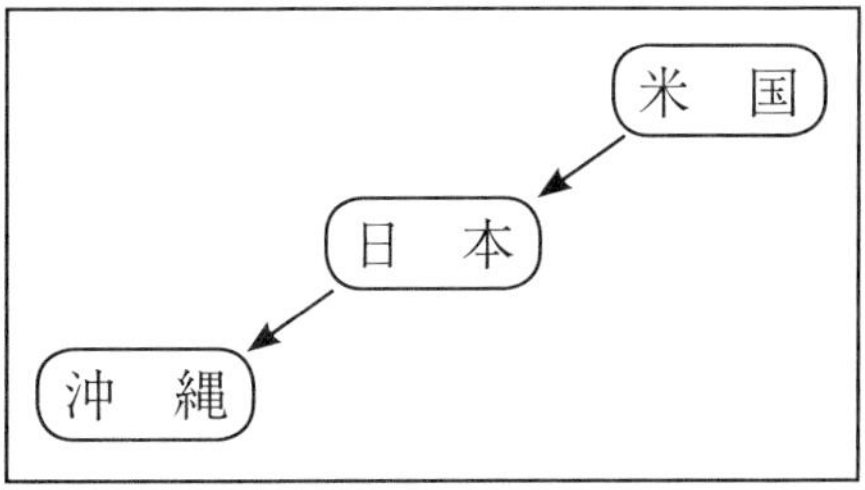

現今の日本の沖縄統治は、米軍基地の集積地として成立している。沖縄を米軍に自由使用させるのが日本の国益にかなうのであろう。また、米国にとって沖縄基地は軍事プレゼンスにおけるキーストーンであろう。沖縄のロジスティクス（兵站）は、軍事行動の要であるに違いない。

おわりに

本論は、日本史的目線の「薩摩侵攻」「琉球処分」に対して、琉球・沖縄史からの視点で「薩摩襲来」「日本屈属」を提案したものである。自立した「歴史」観を持つ試みである。

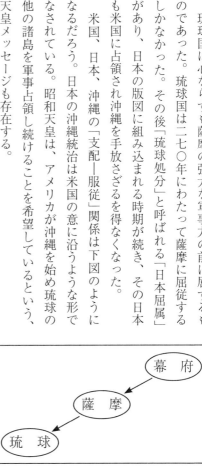

参考・引用文献

一　刊行年が二つ表記してある場合は、最初が初版、二番目は参照した版である。

二　鈴木宗男の質問に関する情報は、佐藤（二〇〇六）に基づくものである。

童門冬二　一九九二『琉球王朝記』三笠書房

紙屋敦之　一九八九、一九九〇「薩摩の琉球侵入」琉球新報社（編）『新琉球史』近世編（上）琉球新報社　三三～七二頁

紙屋敦之　一九九〇『幕藩制国家の琉球支配』校倉書房

金城正篤　一九七六、一九八九「総説」沖縄県教育委員会（編）『沖縄県史』一　国書刊行会　一～一〇一頁

又吉眞三（編著）　一九八八『琉球歴史総合年表』那覇出版社

大城冝武　一九九七「中国・日本・琉球」「沖縄独立の可能性をめぐる激論会」実行委員会（編）紫翠会出版　一八八～二〇〇頁

歴史学研究会（編）　一九八四、一九九〇『新版日本史年表』岩波書店

佐藤優　二〇〇六「佐藤優の飛耳長目10」『週刊金曜日』六三四号（一二月八日号）二六～二七頁

新城俊昭　二〇〇八『ジュニア版琉球・沖縄の歴史』編集工房東洋企画

豊見山和行　二〇〇四「島津氏の琉球出兵と尚寧政権」安里進、他『沖縄県の歴史』山川出版社　一三〇～一三八頁

上原兼善　一九七二、一九九一「近世」新里恵二、田港朝昭、金城正篤『沖縄県の歴史』山川出版社　七三～一四四頁

上原兼善　一九九一『幕藩制形成期の琉球支配』吉川弘文館

上原兼善　二〇〇九『島津氏の琉球侵略』榕樹書林

追録一　虚構の「琉球藩」

はじめに

「琉球処分」は、日本国における「王政復古」（明治維新＝明治革命）の過程で起こった国際的事件である。「王政復古」は、版籍奉還と廃藩置県の二条件を満たすことによって完成する。琉球国を日本の版図とみなす明治政府にとって「琉球処分」は「王政復古」を構成する一連の局面の最後の一片（a piece）である、と考えられる。琉球国について版籍奉還と廃藩置県をするためには、琉球国は「藩」（＝天皇の藩屏）でなければならない。琉球国はいつ琉球「藩」になったのか？

一　琉球藩王冊封

日本における「王政復古」一八六八（明治元）年の慶賀のため使節を送るように朝廷からの命令として、薩摩から廃藩置県なって鹿児島県となった大山参事は、達文を交付した。参朝の際に提出された「賀表」は、改竄されていた。比嘉春潮（一九七二）はつぎのように記している。

この「賀表」は沖縄出発前に起案し右松らの検閲を経たもので、はじめ「琉球国中山王尚泰」とあったのを外務省で単に「琉球尚泰」に、「伊江王子、宜野湾親方」も削って、単に「尚健、向有恒」等に改めら

れた。政府の内命でもあったろうか、従来使用の国王や王子などの文字が削られたのであった。（三六八頁）

琉球国が「一国」扱いされていないことが明らかである。起案文の改竄の証拠は喜捨場朝賢（一九一四、四頁）と比較対照すれば確認できる。新屋敷幸繁（一九六七）は尚泰王の琉球藩王の冊封についてつぎのように記している。

（明治五年―引用者注）九月十四日、この日の琉球使臣の参朝が、琉球国王尚泰が、明治天皇から冊封を受けて藩王となった日となるのである」（三三三頁）

参朝の事の次第を新屋敷はつぎのように記している。

式場に天皇が席に着くと、式部頭が、琉球の使臣三人の名を披露すると、正使伊江王子が、天皇と皇后への尚泰王からの上表文二通と献上品の目録を上げる。その二通を式部頭が朗読すると、そのあとで明治天皇からの勅語がある。（同）

この時の「上表」文が琉球王や王子の文言が削除され改竄されたものであった。これを基につぎのような勅語が下された。勅語を次に掲げる。

琉球藩王尚泰ヘノ勅語

琉球ノ薩摩ニ附庸タルコト年久シ今維新ノ際ニ会シ上表且方物ヲ献ス忠無二朕之ヲ嘉納ス

琉球藩使臣ヘノ勅語

汝等入朝能ク主ノ意ヲ奉シテ失フナシ自方物ヲ献ス深ク嘉納ス

「琉球藩」使臣への勅語に見られるように、この時点（明治五年九月一四日）で琉球国は琉球藩になっていることになる。また、勅語によると天皇は「琉球」の入貢を快く受け入れると言うのである。琉球国王であるはずの尚泰への勅語は「琉球藩王」としている。すでに「琉球藩」があったかの如くである。これには伏線があった。井上馨大蔵大輔の五月三〇日付の「建議書」である。つぎに摘記引用する。（カタカナはひらがなに、旧漢字は新漢字に変更した、以下同じ）

慶長年間島津義久琉球を征し中山王尚寧を擒獲し皇国に服従せしめ候より以来同国の義は薩摩の附庸と見做し諸事同藩に致委任延べて至今日候（『琉球所属問題関係資料第6巻琉球処分』上・中一九八〇　本国書籍三頁）

尤彼従前支那の正朔を奉じ封冊を受け候由相聞我よりも又その形貳の罪を匡正せず上下相蒙曖昧を以て数百年打過行とも不都合の至に候へども君臣の大体上より論じ候へば仮令我より涵容すと雖も彼に於いては人臣の節を守り聊戻の行不可有義勿論に候（同四—五頁）

速に其版籍を収め明に我所轄に帰し（同五頁）

この引用文は、慶長の役によって琉球は日本国に服従し、薩摩の附庸にまかせられた、と要約される。この間琉球は数百年中国の冊封を受け中国の年号を使い、皇国に大変な不敬を働いた。明治維新を機に琉球の版籍を回収すると言うのである。ここでは、琉球が薩摩の附庸の地位に置かれたとされている。そしてそれは史実であろうが、ここで「琉球藩」として薩摩の支配を受けことを意味しない。ただ明治政府は「薩摩の附庸」の言辞を弄して、王政復古以降琉球国が「琉球藩」であるかの如く既成事実を重ねていって遂には慶長の役後から「琉球藩」があったことにしているのである。「同国の義は薩摩の附庸と見做し」と述べている。その上で「版籍を収め」として版籍奉還を企図している。「琉球藩」は明治政府による虚構である。虚構の上に「琉球藩王」が立てられ、虚構の上に「琉球処分（廃藩置県）」が強行されたのである。「琉球藩」があるかの如くである。これは王政復古後の政治過程で捏造された明治政府の政治操作である、と考えられる。

「琉球藩」の設置について西里喜行（一九八七）は、つぎのように述べている。

一八七二（明治五）年、明治政府は琉球処分へ向けての第一の布石を打った。琉球藩の設置、尚泰冊封、これである。（三一一頁）

安里進等（二〇〇四）はつぎのように記している。

明治政府は副島外務卿の提案を採用し、明治五（一八七二）年九月十四日、一方的に琉球王国を琉球藩とし、国王を藩王と称して尚泰に冊封詔書を交付した。（『沖縄県の歴史』山川出版、二二九頁）

冊封詔書の一部を抜き出すとつぎのようになっている。

琉球藩王ヲ冊立スル詔

今琉球近ク南服ニ在リ気類相同ク言文殊ナル無ク世世薩摩ノ附庸タリ而シテ爾尚泰能ク勤誠《きんかい》ヲ致ス宜シク顕爵ヲ予フヘシ陞シテ琉球藩王ト為シ叙シテ華族ニ列ス咨爾尚泰其レ藩屏ノ任ヲ重シ衆庶ノ上ニ立チ切ニ朕カ意ヲ体シテ永ク皇室ニ輔タレ欽ヨ哉　明治五年壬申九月十四日（近代史料研究会編一九六九『明治大正昭和三代詔勅集』北望社、より）

詔書には「琉球藩」の設置については言及されていない。代々薩摩の「附庸」であるとしているだけである。薩摩の附庸だとしても琉球国が「琉球藩」であることにはならないだろう。「琉球藩」の存在については明記されていないのである。

琉球処分官・松田道之の「琉球処分」関連文書をまとめた『琉球処分』に掲載されている詔書（勅錠）はつぎの様な記載になっている。

琉球国主尚泰ヲ藩王ニ封ジ華族ニ列セラルルノ勅錠

今琉球近ク南服ニ在リ気類相同ク言文殊ナル無ク薩摩ノ附庸ノ藩タリ而シテ爾尚泰能ク勤誠ヲ致ス宜シク顕爵ヲ予フヘシ陞シテ琉球藩王ト為シ叙シテ華族ニ列ス咨爾尚泰其レ藩屛ノ任ヲ重シ衆庶ノ上ニ立チ切ニ朕カ意ヲ体シテ永ク皇室ニ輔タレ欽ヨ哉　明治五年壬申九月十四日（松田道之、『琉球処分』上・下（宝玲叢書、本邦書籍による））

琉球国王尚泰が「琉球藩王」に冊立されているからには「琉球藩」が存在していなければならない。その為であろう、尚泰王の「藩王」冊封の日を「琉球藩」誕生の日とする説が一般常識になっているようである。明治五年九月十四日に魔法のように「琉球藩」が出現した。上に掲げたように尚泰冊封の「詔」と松田道之の編纂になる「勅錠」では重大な異同が生じている。

二つの文書を比べるとつぎのような書き変えが認められる。

（詔）世世薩摩ノ附庸タリ→（勅錠）薩摩附庸ノ藩タリ

（詔）陞シテ琉球藩王ト為シ→（勅錠）陞シテ琉球藩王ト爲シ

松田の編纂書では、琉球が「薩摩の附庸の藩」と表記し「琉球藩」が存在していることを明確に示している。「琉球藩」があることにより「藩王」の冊封が出来るのである。この二つの詔勅の文言は、琉球国が「薩摩の附庸」であって「国家 nation」であることを否定している。つまり、琉球国はすでに日本国の版図に属していると宣言しているのである。これは一国を略取する所業である。松田は詔の文言に「藩」を追加改竄して、琉球国は日本にとって「藩」であることを主張している。従って「藩」があるからにはその藩の藩主に尚泰を封じることの正当性を主張している。辻褄合わせである。

官僚である松田道之に、詔勅を改竄することの重大性を知らないはずがない。しかし、敢えて書き換えた。「琉球藩」がなければ「藩王」を封じることなどできない。論理的整合性を考えれば書き換えざるを得なかっただろう。「薩摩の附庸の藩」の文言には「世世」の部分が欠けている。だから、琉球国が代々薩摩附庸の「藩」

であったことが否定され、降って湧いたように「琉球藩」が出現したことになる。琉球国を日本領有化するための遠大な虚構が企図され実行されたのが「藩王」の冊封劇だったのであろう。

つぎに、「陞」が「陛」になっている。「陞」は上昇すること、「陛」は下降を意味する。

一国の国王尚泰を「藩」の王にするというのが、「陞」であり、あるいは「陛」である。「陞」は「琉球国王」を、「琉球藩王」「格上げ」すると言うことであろう。しかしながら、国王が藩王（藩主）になるのは格上げどころか降格である。国王は天皇と同格とは言わないまでも「藩」のレベルを超えていなければならない。そこで「藩主」ではなく「藩王」なる新しい称号が考えだされたのであろう。

「陞」という表現はどうだろうか。「薩摩ノ附庸ノ藩」であるところの琉球国の王を引きずり降ろして「琉球藩王」に封じると言うことである。松田による詔勅の書き変え（陞を陛に）は、明治政府の統治を正当化するためであったと推測される。

さらに、「叙して華族に列す咨爾尚泰其レ藩屏ノ任ヲ重シ」とある。

明治政府にとって、琉球国に王政復古させるためには、琉球国は「琉球藩」である必要があった。そのためには琉球国は日本領でなければならなかった。つまり、琉球国が日本国に朝貢し、それに対して「琉球藩王」として冊封する手順が必要であった。したがって、明治維新の「慶賀使」一行を「琉球国の朝貢使」として扱い、詔勅を発し冊封したのである。「朝貢」したところで琉球国が直ちに「琉球藩」となるわけではない。しかしながら一方的に琉球国を「琉球藩」とすることによって「版籍奉還」と「廃藩置県」が可能となるようにしたのである。「琉球藩」は、明治政府が構築した「虚構」である、と仮設しよう。虚構の上に「琉球藩王」を封じ、虚構の上に「廃藩置県」が行われ、琉球国は天皇制統治システムに吸収されることになったのである。

二　「琉球処分」の過程

「琉球藩王」冊封に関し、安里進、等（二〇〇四）はつぎのように記す。

琉球建藩・尚泰冊封の措置が、琉球併合へむけて用意周到に案出された第一の布石であることを、琉球当局は事前に察知していたが、明治政府の救済によって財政破綻を回避したばかりであったため、冊封回避の有効な対応策を講ずる余地はなかった。（二二九頁）

「琉球藩」は、明治政府がすすめる併合過程において日本国の求める①清国との関係を断絶すること、②明治の年号を使うこと、③藩王尚泰の上京、などへの遵奉を拒んだ。このことは明治政府にとって天皇に服しない（まつろわない）ことである。まつろわない者を譴責する。これが「琉球処分」として「廃藩置県」が断行された理由である。勿論これは日本国からの見方である。「琉球処分」とは日本国による琉球国の略奪併合である。

「琉球処分」は、日本国が戦争の手段によることなく琉球国を略取した国際事件である。明治政府は、朝命に服しようとしない「琉球藩」に対して松田道之を渡琉させ遵奉を迫る。松田は都合三度来琉している。一度目（一八七五年七―八月）、二度目（一八七九年一月）は遵奉説得に失敗し、三度目（一八七九年三―四月）は警官隊、兵士を同道しての渡琉である。三度目の松田の渡琉に際し、福澤諭吉（一九七一）は書簡を贈ってアドバイスをしている。

先ず彼の人民の心を籠絡すること、最第一の緊要と存候。彼国普通の文章は如何なる体裁か、言葉は何れのなまりにて最も能く通ずるか、先之を吟味して、其筆者を選し其弁者を雇い、幾回となく諭告文を分布し、幾度となく演説の席を開き、結局筆端口頭を以て勝利を占むる様致度候（二九六頁）

廃藩置県の手順は、松田自身の提案した計画の通り進められた（松田『琉球処分』下　参照）。置県実施に当たって「筆端口頭」的方法が駆使された様である。

琉球藩ヲ廃する勅諭
琉球藩旧シク王化ニ服シ寔ニ覆育ノ徳ニ頼ル今乃恩を恃み嫌ヲ挟ミ使命ヲ恭マス是蓋シ舟路遼遠見聞限アルノ致ス所朕一視同仁深ク既往ノ罪ヲ責メス該藩ヲ廃シ尚泰ヲ東京府下ニ移シ賜フニ第宅ヲ以テシ且尚健尚弼ヲ以テ特ニ華族ニ列シ倶ニ東京府ノ貫属タラシムヘシ所司奉行セヨ
其藩ヲ廃シ更ニ沖縄県ヲ被置候条此旨相達候事但シ県庁ハ首里ニ被置候事
明治十二年三月十一日

この勅諭は、文面からすれば如何にも温情溢れる態である。「恩を恃み嫌ヲ挟ミ使命ヲ恭マス」と朝廷の命に従わない過去の経緯をとりあげ、しかしこのような事は琉球が遠隔の地にあったが故であり、それらの罪を譴責しないというのである。ただし「其藩ヲ廃シ更ニ沖縄県ヲ被置候」としている。「琉球藩を廃する」勅諭をもって王政復古は形式的に完成し、同時に琉球国は日本国に掠奪され、日本帝国の天皇統治に管轄されることになった。

王政復古の最終局面では明治二年に版籍奉還の上表の建白があり、その後「廃藩置県」が実施された。版籍奉還はたとえばつぎのように評価されている。

今や版籍奉還に依って全国の土地人民は悉く朝廷に帰し、政令は一途に出でて洽く全国に及ぶこととなったのである。（維新資料編纂事務局、編一九四一『維新史』第五巻、明治書院、七一八頁）

日本国では藩主たちの自主的な版籍奉還のあとで廃藩置県がなされたが「琉球藩」にあっては廃藩置県が先にあり、強権的かつ実務的に版籍奉還が執行された。琉球藩王からの自主的な版籍奉還はされていない。少なくとも松田道之の編纂した『琉球処分』にはそのような記録は見られない。松田にとって版籍奉還の形式的手続きより「琉球藩」が清国との関係を断絶すること、明治年号を使うこと、藩王尚泰の上京、などが喫緊の課題だったかに思える。したがって王政復古の威業は不十分のまま終わった、ということになる。

おわりに

王政復古後の日本国の琉球国に対する政治過程は、大政奉還後の版籍奉還および廃藩置県の過程をなぞる様に遂行された。すなわち琉球国に対して「琉球藩」を虚構し、版籍奉還、廃藩置県が実行された。ただし、「琉球藩」王による自主的な版籍奉還はなされず版籍に関わる書類等が、強制的に接収されることで版籍奉還があったことにされたと考えられる。形式的には琉球国（日本国にとっては「琉球藩」）は沖縄県として位置づけられた。結果としては「琉球藩」における廃藩置県の完了によって王政復古は完成したことになる。しかし琉球藩は虚構であった。琉球藩は仮想藩である。
では「沖縄県」は仮想だろうか、現実だろうか。

参考・引用文献

安里進、等　二〇〇四『沖縄県の歴史』山川出版
福澤諭吉　一九七一『福澤諭吉全集』第一七巻　岩波書店
比嘉春潮　一九七一『比嘉春潮全集』第一巻　沖縄タイムス社
維新資料編纂事務局（編）　一九四一『維新史』第五巻　明治書院
近代史料研究会（編）　一九六九『明治大正昭和三代詔勅集』北望社
喜捨場朝賢　一九一四『琉球見聞録』親泊朝擢
『琉球所属問題関係資料』第六巻宝玲叢書　本邦書籍
『琉球所属問題関係資料』第七巻宝玲叢書　本邦書籍
西里喜行　一九八七「琉球救国運動と日本・清国」『沖縄文化研究』一三　二五―一〇六頁
新屋敷幸繁　一九六七『新講沖縄一千年史』下　沖縄郷土文化研究会

追録二　沖縄マンガの展開

はじめに　マンガ概論

マンガの呼称

明治の頃、いわゆるマンガはポンチとかパンチなどとよばれた。ポンチは下手な絵、とか下品なものといったニュアンスがあった。卑俗低級なもので、これに健全で普通の家庭で読める上品なもの、とマンガの地位を高めるような意味合いで、北澤楽天は「漫画」を提案した。福沢諭吉もこれを後押しした（『楽天』一三～一五頁）。

漫画の対語は本画である。権威ある本格的な画家が描く絵のことである。漫画の「漫」は本気でない、漫然とした、あるいは沢山の、という義がある。沢山という意味では葛飾北斎に「北斎漫画」がある。

マンガの呼称および表記には、漫画、まんが、マンガ、おどけ絵、萬画、コミック、劇画などがある。本稿ではマンガと総称する。

マンガの定義

マンガとは、絵と言葉によって森羅万象を描く表現形式である。もちろん、哲学や思想をもその表現の範囲内にある。

マンガの分類

マンガは、その表現の長さによって、カーツーン（一枚もの）、パネル（四駒もの）、ストリップ（続きもの）に大別できる。カーツーンは、時事漫画や風刺漫画などであり諷刺がテーマとなる。パネルは新聞漫画におなじみの起承転結で構成される四コマ漫画。ストリップは現今コミックとかストーリー漫画と呼ばれている。物語る＝マンガで、現在の主流である。

その読者対象によって、子供マンガ、少年マンガ、少女マンガ、レディーズコミック、青年マンガ、大人マンガ、そして老人マンガに分けられる。

表現内容によって、ユーモア＝マンガ、ギャグ＝マンガ、アクション＝マンガ、ロマン＝マンガがある。ロマンとは文芸、物語である。

近代マンガの起源

日本マンガの起源として、鳥羽僧正の「鳥獣戯画」があげられている。近代マンガは、日本最初の職業マンガ家北澤楽天（一八七六年（明治九年）～一九五五年（昭和三〇年））に始まる。『東京パック』を創刊（明治三八年）、主筆を務め、大いに人気を得る。楽天の弟子に、沖縄県宮古島生まれの下川凹天がいる。

沖縄のマンガ

マンガは印刷され一般に流布される。複製技術により成り立つ。印刷者、出版社などが成立要件である。沖縄の出版は新聞社としてスタートする。「琉球新報」の創刊は一八九三年（明治二六年）、沖縄初の新聞である。「琉球新報」が初めて風刺漫画を掲載したのは山口瑞雨である。山口は一八六八（明治元）年生まれ。一八九六年一二月に沖縄県師範学校兼中学校に図画教師として赴任している。山口の諷刺画が一九〇一（明治三四）年元日号に掲載されており。翌年の元日にも丑年から寅年へ移るという趣旨の風刺画が掲載されている。去りゆく丑は如何にも貧相ななりで杖をつき、背にクバ傘を負い、画面右手に巻き取られていく。一方の寅は、洋服の一着におよび自転車に跨り、兎年に向かっている。当時、洋服はニューファッションであり、自転車は最先端のハイカラな乗り物であった。寅が向かう未来は、銀行、博覧会、官業組合、会社など新時代の経済的富と豊かさを象徴している。諷刺精神の横溢した逸品である。

一　戦後沖縄のマンガ

戦後沖縄のマンガの嚆矢としては、渡嘉敷唯夫があげられよう。同じころ末吉安久、大嶺真一、大城輝吉らが『沖縄タイムス』紙、『琉球新報』紙に時事漫画を掲載している。

時事漫画

末吉安久（一九〇四年（明治三七年）～一九八一年（昭和五六年））。美術工芸家、高校で染色・美術の教師を勤めた。時事漫画「漫画漫詩」（一九五二年）を『琉球新報』に掲載。同紙の「時事評画」欄の主筆を勤める。

大嶺真一（おおみね　しんいち、一九一五年～一九八四年）。画家である。『沖縄タイムス』紙に「時事漫描」の統一題で一九五六年から五七年にかけて時事漫画を執筆した。この時期、時事漫画では先輩筋の渡嘉敷唯夫が「時事漫評」の統一題で活躍している。世情はプライス勧告で土地問題が沸騰している時期である。米軍統治下の沖縄の惨状を明るく描いてる。

渡嘉敷唯夫（とかしきただお　一九二八年〜二〇一二年）は、沖縄漫画界の大長老であり、日本漫画家協会の参与であった。渡嘉敷は日本漫画家協会沖縄支部を創設し（一九七二年）支部長に就任した。『沖縄タイムス』紙で諷刺マンガを発表し（一九四九年）、「時事漫評」の主筆を勤め、一九五五年から二〇〇一年まで担当した。時事漫画の王道を行き、その政治諷刺、世相諷刺で、警鐘を鳴らし続けた。だが、読者は聞き耳をそばだててくれたかどうか、と漏らしたことがある。日本漫画家協会のサイトで次のように述べている。「戦後、沖縄での時事諷刺は、五〇年間、厳しい状況の下での連載であった。統治者よりもむしろ時事諷刺を理解できない層の声が、つねに圧力となってのしかかっていたことを記憶する。」と。痛切な響きがある。興味深いことに、渡嘉敷の「時事漫評」は、『琉球新報』紙にも掲載されたことがある（一九五六年〜五七年）。

一九四九年から一九七九年の作品を精選した『時事漫画戦後世相30年』（那覇出版、一九八八年）が出版されている。

大城輝吉（おおしろ　きよし、一九二七年〜不詳）。出稼ぎ労働者の子としてテニアン島に生まれる。三男一女の長男であった。六歳のころ第二次世界大戦の勃発により、家族とともに戦場を逃げまどい、胸（肺）に被弾、弾は貫通した。母親の豚膏と塩を混ぜた軟膏の緊急処置と、捕虜になって米軍の手当てを受け、九死に一生を得た。帰沖、琉球大学畜産学科を卒業（一九六一年）、続いて英文学科に編入し一九六三年卒業後、中学校の教師となる。漫画家活動は一九五八年から六一年までの三カ年である（大城輝吉『沖縄・テニアン戦物語』による）。「琉球新報」紙に時事漫画を掲載した。二十代前半大学在学中である。これは最初投稿作品の形で採用された。

大城輝吉とほぼ同時期に『琉球新報』紙で活動したマンガ家に仲間呂美夫（または仲間ロミオ）がいる。出身地や生没年など詳細は不明である。一九五八年は、軍票（B円）から米ドルへの通貨交換があり、世情経済不安が渦巻いていた。また、主席の任命方法をめぐる政治課題があった。時事マンガの恰好な素材が見つかるだろう。

真喜志勉（まきし　つとむ、一九四一年～二〇一五年）。美術家、一九六三年多摩美術大学洋画科卒業、一九七四年に絵画教室「ペントハウス」を主宰する。一九八六年から八七年にわたって『沖縄タイムス』紙の「時事漫評」に参加している。

真喜志勉の諷刺はエスプリが利いて説得的であり、読者の琴線に触れるものであった。地口を巧みに使い、笑わせる。図１「起きるかセナガ旋風」（『沖縄タイムス』一九八六年六月二六日付）は選挙遊説で来沖した中曽根康弘首相（当時）を諷刺する。六月は慰霊の月である。「ウコーノキブシデナカソーネー」と扇子で中曽根首相に線香の煙を煽る瀬長亀次郎。ナカソーネーは、泣かそーねー、中曽根。海軍出身のタカ派にも煙が目にしみるのだ。

図１　「起こるかセナガ旋風」（真喜志勉）©真喜志民子

砂川友弘（すながわ　ともひろ、一九五二）。宮古島の生まれである。一九九一年より『沖縄タイムス』紙の「時事漫評」の執筆陣に加わり、二〇一九年の現在まで健筆を揮っている。

二〇〇二年に一つの事件が起きた。沖縄県主催の「沖縄文化祭」に展示されるはずの砂川の諷刺画が本人に相談もなく撤去されたのである。諷刺画家にとって、お上からクレーム（弾圧ともいう）を付けられることは、これはもう一流のお墨付きを与えられたようなものである。撤去された作品の一つに、二〇〇〇年の沖縄サミット後の沖縄の現状を諷刺したものがある。図2「基地もNEVER　END？」（『沖縄タイムス』二〇〇〇年七月二四日付）は二〇〇〇年の九州・沖縄サミット後の沖縄の現状を諷刺している。各国の首脳たちは帰国の途につく。見送る稲嶺知事（当時）の右手には15年と描かれた小旗が握られている。辺野古新基地の提供期間を一五年と公約している。知事の背後のフェンス裏では「さあ訓練開始だ」と米兵。サミット期間中は演習を中止していたのである。♪NEVER　ENDは沖縄の生んだ歌姫安室奈美恵がサミットで歌った名曲である。基地は永遠に終わらない？

図2　「基地もNEVER END?」©砂川友弘

二　下川凹天の系譜

下川凹天（しもかわ　へこてん、一八九二年（明治二五年）～一九七三年（昭和四八年））。

沖縄最初の職業マンガ家は下川凹天である。彼は沖縄県宮古島で生まれ、教師であった父親の死後母親の故郷鹿児島へ移り東京在住の親戚の好意で上京する。そこで日本最初の職業マンガ家である北澤楽天の弟子となった。奇矯な性格のせいか何度か破門されながらも頭角を現し、『ポンチ肖像』（一九一六年、磯部甲陽堂）はその才能の一端を世に知らしめるものだった。序文は当時の売れっ子マンガ家・岡本一平が寄せている。映画化もされた「男やもめの巌さん」や「剛ちゃんの人生日記」、「無軌道父娘」などがあり。『読売新聞』紙、『新愛知』紙を中心に活躍した。諷刺マンガ、エロマンガ、児童マンガを描いている。子供漫画の「文チャンの探検」は一回当たりのコマ数が三コマで構成されるストリップ形式のストーリー漫画である。スピード感あふれる作品である。彼はマンガ実作者であるばかりでなくマンガ理論家、指導者として後進の育成にも力を注いだ。さらに、日本における最初のアニメーションの制作者としても記憶される。

日本アニメーション映画初の制作には三人のパイオニアがいた。マンガ家の下川と、幸内純一、洋画家の北山清太郎である。三者は大正五年頃、同時的に独立にアニメーションを制作していた。作品の公開は下川が早い。

石川進介（いしかわ　しんすけ、一九〇六年（明治三九年）～一九九五年（平成七年））。石川は下川の弟子であり、下川の衣鉢を継ぐ。『沖縄タイムス』紙に戦後最初の四コママンガ「チッちゃん」を連載（一九五一年五月）、また時事漫画も時折掲載した。

渡嘉敷唯夫は、石川の「チッちゃん」の連載終了後「ミスターチャンプ」(一九五二年一月)の連載を始めている。作者自身がモデルだと思われるベレー帽を被った主人公の行動が微苦笑を誘う。戦後の世相を色濃く帯びている。続いて『ターボー』(一九五七年)、また、『今日の琉球』誌に『ノンカー一家』(一九六二年)や『ターボー』(一九六四年)を連載していた。本作はタイトル表記が揺れているが沖縄タイムス掲載時の延長上にある。ユーモアやペーソスを誘う作品群が認められるが、自身は時事漫画家であることを誇りにしていた。

三　『コミックおきなわ』誕生

沖縄で初めてのマンガ雑誌『コミックおきなわ』が創刊されたのは、一九八七年四月である。新里堅進と、やがて同誌の初代編集長になる須藤将史の出会いが新雑誌発刊につながったようである。丸正印刷社は雑誌創刊のためコミックおきなわ社を立ち上げた。須藤編集長の最初の仕事はマンガの描き手を揃えることだった。渡嘉敷唯夫、スタジオ南洋少年から新里堅進、平敷善憲、知念政順、田名俊信らがメインの描き手となった。創刊の辞に「私ども沖縄の歴史や文化に普及と継承にも、大きく貢献させていただきたい」とある。スーパー・ローカルマガジン宣言である。創刊号には、なかいま強も寄稿している。この雑誌の発行は順調という訳ではなかった。販売数が振るわなかった。また、プロでない新人マンガ家育成に課題があった。二代目編集長に中江裕司、三代目の編集長に島袋直子が就任した。この間、業績は伸びず、ついに第三〇号発刊(一九九〇年)で休刊した。こうして沖縄最初の本格的なマンガ雑誌は潰えた。『コミックおきなわ』は沖縄マンガ史上の画期をなす。沖縄の歴史・社会・文化・民俗、風俗、等々、マンガで描く知的エンターテイメントに徹していた。

本誌に集った漫画家の一覧と掲載作品名を表にまとめた。これらの作品群は沖縄人の自己像として読める。

コミックおきなわ漫画データベース【第1号(1987)～第30号(1990.8)】

漫画家	作品(掲載号)、＊休刊のため未完
新里堅進	シンガンター虎十(1-10)、さるの手(15-16)、ぼくと図書館(17)、ニライ戦士カマル(19-20)＊、防衛隊儀間三郎の場合(23)
リカルド・ケン	愛はガマの彼方に(26)
なかいま強	ナチブー朝光(1)、シーサー(3-4)
田名俊信	ゲートボールぶるーす(1-15)、HEAVY WEAHER(16-23)、四月釣りバカ日誌(24)、MEMORY(26)、國場幸太郎物語(27,29-30)＊、試運転(28)
たまきあきら	トンビとタカ(1-10)
佐久本まちこ	シュガーパークアベニュー物語(1-4)、彼女たちのエルドラド(5-24)、海と空に境い目ができた日(26)、陽気な異邦人(27)、かみさまとわたし(28)、Fank Okinawa!(29)、最後の春休み(30)
安良城孝	キジムナー(1,6)、つぶやきイラストレーション(28,30)
津嘉山メイ子	Friend(1)、おじいちゃんのいる風景(2)、ぶっそうげ(4)、ちょっとだけ昔(6,8-9,12-14)
平敷善憲	舜天王(1-7)、琉球独立愚連隊(8-18)、國場幸太郎物語(21-25,27)
福原かねる	おかわりさん(1-3)
めどるま・こーぞー	ちゃあびらさい(1-5)
和宇慶文夫	ぷっつんプロレス(1)
知念政順	ギャグハウス(1,2)、島んちゅ純情(2-16)、GĀJŪ(17-23,26-30)＊、スクラッチ(24)、野球天国(25)、ラジオ沖縄番組探訪記(9-14)
吉川覚	チャンプルー(2)、スブイ(3)、糸満泳法(5)、アブシバレー(6)
橋口まり子(改め 橋口万里子)	サンゴの奇跡(3)、森の伝説(5)、妖剣。千代金丸(7)、マーマン・インダイス(9)、血の記憶(11)、草庵の画家・自了(12)、飛び島アサト(13-15)、拳牙神(17-23)、バンパイヤ in うちなー(28)、群龍伝(30)、ゆんたく(24-27)
がなははるお	なつみ(4)、キャッチ(5-7)、スタンドバイミー(8)、隣の女(9)、ティーンシーサー(10)、ティーンシーサー2(11)、襲われて…(13)、サラリーマン上地君はある朝突然に…(14)、THE ハブ(16)、Dr. ヤンバル(18)、私は誰!?(21)
大味ちょうじ	月間スポーツワイド笑(6-21)、うちなーじぇねでーそん(22-23,27)、ちゃんぷるー(24)、ああ、ごーるどくらぶ(28－30)
島尻ぐん	We are 探偵ぐみ(7)、沖縄探偵団(8,10-11)、まじむんバスターズ(14-25)、いまどきの魔女KIRI(27)、フェイントKIMETE!(29-30)
宮城秀光	愛してOKINAWA(8)［第1回新人オーディション］

漫画家	作品(掲載号)、＊休刊のため未完
当真貴嗣	アバウトOKINAWA動物(8)、トロピカル・ホビー(24-30)＊
山城コロン	かりゆし王国(10-21)
保里安則	UP TOWN SCHOOL BOYS(9)［第2回新人オーディション］、トロピカルトットローズ(11)、G…(12-17)、ゲレン(19-23,25-26,28)＊
いしがきたかこ	真夜中の子供たち(10)、［第3回新人オーディション］、野底マーペ(11)、浜下り伝説(12)、悲しみのマムヤ(13)、サトウキビ畑でつかまえて(16)、ときめき夏タイム(18)
マタヨシエン	いちかっぴーどんどん(11-15)
大城ゆか	FUJIO(11)［第4回新人オーディション］、おばーがくる(12)、まーぶやー(13)、こいのぼり(14)、6がつ23にち(15)、タイフーン(16)、夏休み日記(17)、白組(18)、土曜日のお客さん(19)、猫(20)、暖かい日(21)、パイナップルの家(23,28-29)、またまじゅん…(24)、6月23日のみちこさん(25)、二人でるすばん(27)、おばあ日和(30)
山下智之	うーまくーマミタン(12)［第5回新人オーディション］(17-30)
新崎智	たたみ(19)［第6回新人オーディション］、けっこんのすすめ(20)、ブライダルうちなー事情(21)、島の女(23)、佐藤君の場合(24)、窓の風景(29)
高良明	See(20)［第7回新人オーディション］
てんぶーたーの三男	グスタフランド(21-23)、ぜっしゃぼーの逆襲(24-30)
セージ・ヤギ	ROCH OF OKINAWA(22-23)
久松勇士	シルバーアイランド(24)［第8回新人オーディション］(25-30)＊
玉城敦	ハイウェイ1(23)［第8回新人オーディション］、オキナワクライシス(24)、デーモニッシュ(27)
上原麻美	マリー(25)［第9回新人オーディション］、ウサ小情話(26)、Hellow! つむじ風たち(28-29)
翁長良正	与那嶺チルー(25)［第9回新人オーディション］
山吾しょう	うちなわんBOY'S(25-26)
たまきのうみ	フレンド(27)
根間黄猫	1990年の幽霊(29)［第10回新人オーディション］
コミおき漫画家軍団	爆笑キャノンボール(30)

●1987年4月号創刊
●1989年第24号、隔月号となる
●1990年第30号、この号の後休刊
データ作成／大城宜武

作品の特徴を三点あげることができる。一つは、戦争の影である。むろん沖縄だけが戦火に遭ったわけではない。沖縄だけが占領されたわけではない。しかし、狭隘な土地に外国の軍隊が駐留し続けることの影響は決して小さくない。平敷善憲は、沖縄独立を射程に表現している。平敷に限らず、沖縄の表現者は基地を避けての表現はありえないことを示している。それは生活の細部にまで被占領の空気が充満しているからである。

二つに、日本人へのあるいは日本人からの相対的な視点、ステレオタイプである。沖縄人の抱く日本人像、日本人は我々沖縄人をこのように見ているだろうという沖縄人の認知像がマンガにはしなくも漏出してしまうことである。被差別感かもしれない。これら若いマンガ家に発見するこの沖縄認識には、不安、哀しみが満ちている。

三つ目に、沖縄語の多用があげられる。「方言札」世代には隔世の感がある。表現に「ウチナーグチ沖縄語」を自由に使用していいのだ、という安心感がある。

『コミックおきなわ』の三代目の編集長であった島袋直子は、同誌休刊後、同誌で執筆していたマンガ家を結集して「同窓会スペシャル」号を上梓、健在振りを示した。

『コミックおきなわ』のマンガ表現には、たとえシーリアス、ギャグ、ナンセンス、ユーモアであっても沖縄の負の様式、すなわち差別と抑圧が浮き出してくる。

四　沖縄マンガの展開

戦後のマンガ家と作品を概観する。出生年順に大まかに世代分けする。活動期は出生順と一致しない。

第一世代

第一世代は、戦後間もないころ新聞を舞台に活躍した漫画家である。時事漫画を中心に執筆している。

末吉安久、大嶺真一、渡嘉敷唯夫、大城輝吉、真喜志勉、については既に述べた。末吉、大嶺、大城、の活動期は一九五〇年代後期である。渡嘉敷は息が長い。二〇〇〇年代まで活動している。

砂川しげひさ（一九四一年〜二〇一九年）は、沖縄出身ではあるが仕事の拠点は東京にある、いわば下川凹天の再来を思わせる、上京派である。『朝日新聞』に連載の『Ｍｒ.ボォ』（一九九六年〜二〇〇〇年）、『ワガハイ』（二〇〇〇年〜二〇〇二年）で知られる。『ホンダラ部落』は『漫画ゴラク』（一九七〇年）に連載後青林堂より出版された（一九七二年）。『寄らば斬るド』（一九七二年、立風書房）は、ソフトエロティック時代劇である。『漫画サンデー』に一九六九年から一九七三年に連載された。「僕の一応出世作」と自認する作品である。『しのび姫』（一九九三年、新潮社）は、『別冊・小説新潮』で、「しのび女」として一九七八年より連載開始、後に「小説新潮」に移るとともに『しのび姫』に改題された。エロ的要素の濃い大人マンガである。

第二世代

沖縄マンガの第二世代の代表と目されるのが戦後生まれ（一九四六年）の新里堅進である。沖縄におけるストーリーマンガ（劇画）のパイオニアである。マンガ家というより劇画家と呼ぶにふさわしい画風である。『琉球新報』紙に拠って琉球・沖縄に題材を採った作品を矢継ぎ早に発表している。『ハブ捕り』は、沖縄ではお馴染の猛毒のハブをテーマとした作品である。『琉球新報』紙に連載され、のち単行本化（一九八二年、新報出版）、さらに改作版（一九九一年）、英語版『THE HABU HUNTER』（二〇〇九年、IKEMIYA SHOKAI）が発表されている。民俗的様相を濃厚に漂わせハブと対峙する老人、いわば老人とハブのドラマである。日本漫画家協会賞優秀賞を授与されている（一九八二年）。

新里は沖縄戦記に力を注いでいる。『沖縄決戦』上・下（月刊沖縄社、一九七八）、『水筒』上・下（新潮社、一九八九）、『白梅の碑』野戦病院編（クリエイティブ21、二〇〇二、戦場彷徨編二〇〇三）、『シュガーローフの戦い』上・中・下（琉球新報社、二〇一五）の作品がある。琉球歴史に材を採った『史劇謝名親方』、『首里城ものがたり』上・下（琉球新報社、一九九二、大城美千恵がアシスタントを務めている）があり、『奥山の牡丹』（与那原町教育委員会、二〇〇〇）は沖縄歌劇の伊良波伊吉の伝記を描く。沖縄歌劇『泊亜嘉』（我如古弥栄原作）のマンガ化なども手掛けている。

「スタジオ南洋少年」を主宰し、若手漫画家の育成にも熱心であった。南洋少年には、平敷善憲、田名俊信らが参加していた。

図3 「ハブ捕り」©新里堅進

平敷善憲（へしき　よしのり、一九四九年～一九八九年）は、上京派であり、嶋けんじのペンネームで芳文社系の青年漫画誌に執筆した後、帰郷している。一九八五年より四コママンガ『わじわじファミリー』を沖縄タイムス紙に連載するも、八九年に急逝した。マンガ作品の単行本は一冊も出版されていない。『沖縄やまと言葉の本』（平山良明著、一九八四年、沖縄出版）の挿画を担当している。

砂川友弘は、一九五二年に沖縄県宮古島に生まれた。第二世代とするか、第三世代とするか、微妙なところではある。琉球大学在学中は漫画研究会に所属していた。故郷宮古でローカル新聞『日刊宮古』創刊とともに四コママンガ「Ｍｒ.ガラサ」を連載、同紙の廃刊（一九九二年）とともに終了した。本作は『Ｍｒ.ガラサ』として出版された（一九九四年、「ガラサ」復活委員会）。沖縄タイムスに「岩十おじい」を連載（一九八九年～九一年）、さらに、一九九一年十月より「時事漫評」の執筆をするようになり、しばらくは渡嘉敷唯夫、真喜志勉と三人体制をとっていた。一九九三年より砂川が主筆となる。渡嘉敷の画風はオーソドックスで安心感があり、真喜志の場合は荒々しく知性の迸る鋭さがあり、砂川は時局を堅実に捉えている。三者三様、沖縄や日本の、世の中の理不尽に異議申し立てをしている。

比嘉慂（ひが　すすむ）は一九五三年生まれである。手塚治虫に憧れ、手塚に読んで欲しくてマンガを描き続け、集英社の主催する手塚賞に応募、一九八九年下期には「授業」で佳作となっている。

中央のメジャー誌に執筆しており、『砂の剣』（一九九五年、小学館）、『カジムヌガタイ』（二〇〇三年、講談社）、『美童物語』（全二巻、二〇〇七～〇八年、講談社）がある。『カジムヌガタイ』は二〇〇三年度文化庁メディア芸術祭マンガ部門で大賞を受賞している。また、イタリア語版が出版されている（二〇〇五年）。比嘉は沖縄戦を描き、沖縄の風土や風習を描き、戦争の沖縄に冷徹な眼差しを向ける。何か方法があるはずだ、と問う求道者のように。

第三世代　一九六〇年代

沖縄マンガ第三世代は、沖縄ローカルを離れ、いわば日本のメジャーマンガ雑誌に執筆するマンガ家の輩出が特徴となっている。沖縄マンガを概観すると、特に第三世代後に分類したマンガ家が沖縄ローカリズムから軽やかに自由になっていることに気づく。そしてメジャー誌や準メジャー誌で活躍していることが顕著である。その技量が全国レベルであるということだ。それは「日本復帰」によって「本土」への渡航が自由となり、交流の可能性がたかまり、筆力を磨くのによい環境が開けたことによるだろう。本土メジャーマンガ雑誌で長期連載をする力量を持った作家たちが誕生している。なかいま強、八木教広、島袋光年、である。

仲宗根みいこは、一九六〇年沖縄県那覇市の生まれである。講談社のコミックオープンで「ホテル・ハイビスカス」が、ちばてつや賞を受賞（一九八六年）、『モーニング』誌に連載、後に全二冊の単行本にまとめられる（講談社）。同作品は「ウチナーンチュ」として『コミックトム』に連載後、潮出版社より単行本化される（一九九三年）。ボーダーインク社より、四巻本（一九九七年〜二〇〇三年）として、また新装版が新潮社より刊行されている（二〇〇三年）。ペンネームは谷上みい子、谷上ミーコ、仲宗根ミーコとバラエティーに富む。作風は、沖縄に題材を採り沖縄人の異常な普通の生活を切り取り、ペーソスと笑いを振り撒く。いわゆるハート・ウォーミングである。

なかいま強も一九六〇年生まれである。ちばてつやの実弟ちばあきおのアシスタントをしながら修業を積み、『月刊少年ジャンプ』でデビューした。デビュー作『わたるがぴゅん!』は一九八四年から二〇〇四年に至る長期連載となった。単行本は全五八巻にもなる。沖縄の少年が東京の中学校に転校し、野球部で破天荒な活躍をする。沖縄語が用いられたりして沖縄をアピールしている。相撲マンガ「うっちゃれ五所瓦」は『週刊少年サンデー』に連載(一九八八年~一九九一年)された。第三五回小学館漫画賞を受賞している。スポーツマンガをよくし、他にラグビーマンガ『ゲイン』(小学館)がある。ゴルフマンガ『黄金のラフ』(一九九九年)は仕事の舞台を青年誌『ビッグコミック』に移し、『黄金のラフ2』などを執筆している。

田名俊信は一九六〇年生れ。『コミックおきなわ』の創刊号(一九八七年)より一五号まで「ゲートボールぶるーす」を連載した。老人スポーツで人気のゲートボールをテーマに、沖縄老人の活きの良さを描写している。少年マンガではなく老年マンガと呼ぶにふさわしい。『蔵の宿』(原作・西ゆうじ)は『週刊漫画 Times』に連載されており、福島県が舞台である。造り酒屋を宿に改装しての人情物の繁盛物語である。南国沖縄の田名が描く福島のイメージが興味深い。『流れ星の宿』(全三巻、二〇〇九年、芳文社)も西ゆうじ原作の作品である。伝記マンガにも手を染め、『劇画比嘉幹郎青春伝』(一九八七年、がじゅまる会)があり、他に平敷善憲が『コミックおきなわ』に連載中に急逝したため「國場幸太郎物語」を引き継いだ。

山原義人は、一九六三年沖縄県那覇市の生まれである。一九九二年『月刊少年マガジン』のチャレンジ大賞を受賞、同誌に「竜狼伝」を連載(一九九三~二〇〇六)、単行本(講談社)は全三七巻である。本作品は韓国でも翻訳出版されている。造本が左開きになっているのが興味深い。『竜狼伝』の「中原繚乱編」が二〇〇七年より連載を開始し現在連載中である。いずれも『三国志』に題材を求め、夥しい数のキャラクターが登場する。

和宇慶勲（わうけ　いさお）は、一九六二年に沖縄市で生まれた。マンガ研究家である。和宇慶は、沖縄県外で描かれたマンガ作品の表現の中に「間違い」を発見する。「間違い」は沖縄県外者が沖縄をどう思っているかの、事例になる。相互理解の手掛かりが示唆される。（『なんだこりゃ〜沖縄！』ボーダーインク）。

大城ゆかは、一九六七年沖縄県名護市生まれである。『コミックおきなわ』から育った。第四回の新人オーディションを経て短編を発表し頭角を現していく。『山原バンバン』（一九九四年、ボーダーインク）は、代表作である。ゆったりと流れていくやんばるの自然と時間と生活とを描写する。

もも・ココロ（一九六八年、本名・桃原毅）は二〇〇四年より『琉球新報』紙で四コママンガ「がじゅまるファミリー」を連載、単行本も巻を重ねている。二〇〇三年に百話分の四コマ漫画を琉球新報社に投稿、トントン拍子に話が進み、といったエピソードがある。二〇〇四年元日より連載開始となる。同タイトルで単行本も巻を重ねている。

八木教広（やぎ　のりひろ）は、一九六八年生まれ、沖縄県那覇市の出身である。一九九〇年の集英社の赤塚賞に応募した「UNDEADMAN」が入賞し、一九九三年より『月刊少年ジャンプ』で「エンジェル伝説」の連載デビューとなる。心優しい少年がその外見容貌の印象から疎まれていることを通して痛烈な社会批評となっている。静謐な描写に特徴がある。全一五巻の単行本が出版されている。ついでファンタジー作品

「CLAYMORE」が二〇〇一年より連載開始、掲載誌を変えながら連載を続ける。本作はテレビアニメ化され、日本テレビで放映された（二〇〇七年）。沖縄での放映はない。「蒼穹のアリアドネ」を『少年サンデー』に二〇一八年より連載。単行書も巻を重ねている。

荒巻圭子（本名、新垣智子、一九六八年）も『コミックおきなわ』から羽ばたいた一人だ。一九九五年より『月刊アフタヌーン』に「ジェノムズ GENOMES」の連載を開始、一九九七年に単行本化され（講談社）、続編はオンデマンドで発売される。「王国物語 SPHINKS」は『週刊モーニング新マグナム増刊』（一九九八）より連載が開始。単行本化はされていない。緻密な作風で、いささかもゆるがせにしない描線は華麗である。二〇〇五年漫画家廃業宣言をしたこともある。

山咲トオルは、一九六九年東京生まれの沖縄育ちである。荒巻圭子とは高校の同窓である。楳図かずおに影響を受け、その作風は楳図そのものに見える。内容もホラーであるのでますます楳図的である。一九九四年にデビュー、代表作に『戦慄!!タコ少女』（リイド社、単行本全四巻）がある。

第四世代

喜名朝飛、改め喜名柚日（きな　ゆずか、一九七一年）は、沖縄県浦添市で生まれる、高校および大学でデザインを学ぶ。専門学校講師としてマンガ家志望者を教える。『月刊少年ガンガン』に「幕末風来伝斬郎汰」を連載（一九九六年～九七年）、単行本は全六巻がENIXより発行されている。「NOESIS ノエシス」（一九九八年）も同誌に連載される。雑誌『ガンガンWING』に「東京魔人学園剣風帖」および「東京魔人学園外法帖」を連載

（一九九九年～二〇〇三年）。「ガンガンWING」に「Angel Dust（エンジェルダスト）」を連載（二〇〇五年）。

島袋光年は、一九七五年生まれ、沖縄県那覇市の出身である。地元の高校を卒業後上京、一九九七年「世紀末リーダー伝たけし！」が『週刊少年ジャンプ』で連載開始、代表作となる。第四六回小学館漫画賞児童部門を受賞した。単行本は全二四巻。ついで「RING」（『スーパージャンプ』二〇〇四年から連載）、「トリコ」（『週刊少年ジャンプ』二〇〇八年より連載開始）、単行本は全一六巻、と確実に業績を積み上げている。テレビアニメーション化もされた。ストーリーマンガ家としてスタートしたがデビュー作の『たけし』はギャグマンガであった。徐々にストーリーマンガ家として成長しつつあるようだ。『トリコ』の美味食材を求めるグルメの荒唐無稽さはマンガ家の創造力の奥深さを示してスリリングである。

大城さとしは一九八一年生まれ。第二回「おきなわ文学賞」マンガ部門で「突撃リポーター島みやこ」で佳作。『沖縄タイムス』紙に四コマギャグマンガ「おばぁータイムス」を連載、単行本化もされている。また『ワラビー』にエイトマン」（八コママンガ）を連載、単行本化もされている。

水あさと（みず　あさと、一九八一年）は、マンガ家・イラストレーター。沖縄県出身。二〇〇七年、「正義の覆面マフラージャスティス」で第六回『月刊少年シリウス』新人賞に入選。同年「世界制服セキララ女学館」で連載デビュー。二〇一一年に『デンキ街の本屋さん』が連載され、二〇一四年にアニメ化。「阿波連さんははかれない」を『少年ジャンプ＋』で連載している。

仲間りょうは一九九〇年生まれ。第二二回黒潮マンガ大賞入選（二〇一〇年）、『週刊少年ジャンプ』に「磯部磯兵衛物語～浮世はつらいよ～」を連載。単行書は全一六巻。浮世絵風の描画で江戸ライフをギャグで表現する。フラッシュ動画化されウエブマンガがインターネットブラウザに掲載されている。

沖縄県外のマンガ家が沖縄を描く事例がある。岡田芽武（おかだ　めぐむ）『ニライカナイ』（全六巻、一九九九～二〇〇二、講談社）は、沖縄の伝説「黒金座主」と絡めて壮大な宇宙論を展開している。

おわりに　ウエッブ（WEB）マンガ

歴史上、マンガは筆と紙、あるいはペンと紙で、描かれてきた。

マンガには紙媒体が絶対必要だと考えられた。しかし、インターネットの普及で紙媒体に縛られなくても良い環境が出来上がりつつある。ウエブ媒体であれば出版のための膨大な製作費や人件費をかけなくてもよい。インターネット技術の発明と進化によりデジタル処理の描画が発展してきている。作品はWEBに載り、全世界に発信される。電子書籍である。

本来的に紙面上のマンガ作品に動き（アニメーション）はないが、フラッシュ処理により「動画」が実現できてしまう。新しいマンガ表現ツールの拡大である。

『コミックおきなわ』の三代目編集長だった島袋直子は、ウェブマガジン『コミックチャンプルー』を二〇〇七年に創刊して、掲載作品の電子書籍化も手掛け、才能あふれる人材に発表の場を提供している。沖縄へのこだわりを強く持ち、メジャー誌とも対抗できる、そんな気を起こさせる状況である。

島袋直子は自ら関わり、あるいは関わった『コミックおきなわ』や『コミックチャンプルー』が沖縄にこだわる理由をつぎのように述べている。

「沖縄独自のものを世に伝えたい」というのがまず挙げられる。描くべきテーマは、その地域の歴史や文化・風俗・地域の問題など、さまざまなものが挙げられる。それらを元にファンタジーを作ったり、人間ドラマを描いたり、エッセイや論文をマンガにしたりなど、描き方はいくらでも広がる。おなじ題材でもマンガ家の創造力が無限に新たな作品を生み出すだろう。（島袋、二〇一〇、二二四ページ）

しかし、島袋には焦りがある。「沖縄でしかできないもの」「沖縄はネタの宝庫だ」「中央誌に掘り起こされていないネタがまだまだたくさんある。放っておくと中央誌に持って行かれる可能性がある」（同、二二五ページ）等々と語っている。

兼久政彦（一九七四年〜）の、SFマンガ「PAINMAN」は第五三回手塚賞で佳作になった。兼久政彦は、マンガ制作プロダクション「バエティアートワークス」を創業し、マンガの企画制作編集を行っている。沖縄そのものへのこだわりはあまりないようだ。名作文学のマンガ化（まんがで読破シリーズ）などウエブマンガを制作している。

参考・引用文献

松下井知夫（編）　一九八〇『楽天』北沢楽天顕彰会
本浜　秀彦　二〇一〇『手塚治虫のオキナワ』春秋社
大城輝吉（編著）　一九八八『沖縄・テニアン戦物語』　沖縄県新英語教育研究会
大城　宜武　一九八七『マンガの文化記号論』弘文堂
島袋直子（編著）　二〇一〇『沖縄マンガ展』　文化の森共同企業体
島袋　直子　二〇一〇「沖縄とマンガ」大城房美・一木順・本浜秀彦（編著）『マンガは越境する！』世界思想社　二〇六～二一八頁
渡嘉敷唯夫　一九八八年『時事漫画戦後世相３０年』那覇出版社
わうけいさお　二〇〇五『なんだこりゃ～沖縄！』ボーダーインク

『別冊コミックおきなわ』一九九九年
『月刊コミックおきなわ』一九八七年四月号
『第２回おきなわ文学賞作品集　はなうる』二〇〇六　財団法人沖縄県文化振興会　二〇〇七

付記

マンガ作品の転載をご許可下さいました新里堅進、砂川友弘、真喜志民子の各氏に感謝申し上げます。

初出一覧

第一章　沖縄マンガ史　『沖縄タイムス』（二〇一三年一月一八日～二〇一四年八月一五日）

第二章

　第一節　「琉球処分」のイメージ　「図絵コミュニケーション研究（一）」（改稿）『沖縄キリスト教短期大学紀要』第二〇号　五七～七七

　第二節　琉球分島改約事案と伊犁事件　『うらそえ文藝』六号二二九～二三六　二〇〇一

第三章　明治初期における日本人の「琉球」観　『生活文化史』二三号　九一～一〇〇

第四章　「台湾処分」　台湾処分図絵（改題）『生活文化史』二九号八六～九三

第五章　中国・日本・琉球　『激論・沖縄「独立」の可能性』　紫翠会出版　一八八～二〇〇

第六章　東学農民戦争期の日・朝・清　『うらそえ文藝』七号　五二～五九　二〇〇二

第七章　「琉球処分」前後の東アジア情勢（新出）

第八章　「薩摩襲来」と「日本屈属」のメタ・ヒストリー（新出）

追論一　虚構の「琉球藩」　『うるまネシア』第一七号　六六～九五　二〇一四

追論二　沖縄マンガの史的展開（新出）

あとがき

本書は、諷刺画の記号学的分析を根底においている。専門の歴史家からすれば些事にわたるようなことどもを図絵の中から拾い集めている。専門の歴史家による正統的な分析からは零れ落ちるようなそんな些末なことを扱っている。雑駁な分析になっているかもしれないことを恐れる。

薩摩襲来、廃国置藩、琉球屈属、琉球藩仮想現実の用語は「琉球・沖縄史」観のパラダイム転換を意図した試論である。異論・反論・批判がが予想されるだろう。

「琉球処分」を主題（モチーフ）に本書全体に入り組んだ似通った論述（変奏）が響きわたっている。読者諸賢には、いささか饒舌の極みに混乱させられるかもしれない。もし、本書の絵解きを楽しんでいただけましたら望外の幸せです。

本書の刊行にあたっては榕樹書林店主武石和実氏の多大な世話をいただきました。記して感謝申しあげます。

【り】

【ろ】

【わ】

【こ】

【さ】

【し】

【す】

【せ】

【そ】

【た】

【ち】

【と】

【な】

索　引

大城宜武（おおしろ　よしたけ）
1946年生
1970年　琉球大学教育学部教育学科卒業
2012年　沖縄キリスト教学院大学定年退職
2013年　沖縄キリスト教学院大学名誉教授
1995年　博士（医学）
【所属学会・協会】
日本生活文化史学会、日本マンガ学会、日本記号学会、日本健康学会、日本社会心理学会、日本心理学会、日本読書学会、日本漫画家協会
【著書・論文等】
『漫画の文化記号論』（弘文堂、1987年）
『環境のモデルノロジー』（北大路書房、2006年）
「漫画の理論」（読書科学93号、1980年）
「高齢期不安の認知の性差・年齢差・地域差に関する横断的研究」（民族衛生61巻2号、1997）

絵解き
「琉球処分」と東アジアの政治危機　琉球弧叢書㉝

ISBN978-4-89805-218-1　C0321

2019年　12月21日　印刷
2019年　12月28日　発行

著　者　大　城　宜　武
発行者　武　石　和　実
発行所　（有）榕　樹　書　林

〒901-2211　琉球共和国宜野湾市宜野湾3-2-2
TEL 098-893-4076　FAX 098-893-6708
E-mail：gajumaru@chive.ocn.ne.jp
郵便振替　00170-1-362904

印刷・製本　（有）でいご印刷　Printed in Ryukyu